美国人眼中的旧西藏

Old Tibet Through American Eyes

胡岩　周新　著

中国藏学出版社

托尔斯泰和多兰携回的拉萨当局给罗斯福总统的礼品——唐卡 4 幅，1943 年。（胡佛档案馆）

托尔斯泰和多兰携回的拉萨当局给罗斯福总统的礼品——吉祥八宝唐卡 1 幅，1943 年。
（胡佛档案馆）

序言

为读者提供一本图文并茂的小书，用尽量简明扼要、深入浅出，兼有可读性和学术性的文字和图片，叙述 19 世纪 80 年代至 20 世纪 50 年代美国人眼中的旧西藏，是笔者写作此书的目的。

早期侵略西藏的西方列强，当属英国和俄国。19 世纪下半叶，在两国角逐于中亚的“大争夺”中，中国西藏成为它们争夺的目标之一。由于地理和其他原因，美国染指西藏较之上述两国稍晚。然而至迟到了 19 世纪下半叶，美国人也“进藏”了。

美国同中国西藏的最早接触，是民间的而非官方的。那些从 19 世纪 80 年代开始前往中国西藏及其他藏族地区游历、探险或传教，而又撰写了游记、论文等等著述的美国旅行家、探险家和传教士，最早记述了他们对于中国西藏和藏族的了解，并将其介绍给美国人民和美国政府。随着时间的推移，不断有美国人前往西藏和藏族地区，同时，美国政府对于中国西藏的认识也不断增强，并且接触到了“西藏问题”。

柔克义、史德文和麦戈文是三位最早进藏的美国人。而柔克义的学识、阅历及其对于后世的影响，都远在史德文和麦戈文之上，可以说是当之无愧的美国首席藏学家。我们的故事就从柔克义开始。史德文是一名美国基督教新教的传教士，在川西传教行医多年，曾与第十三世达赖喇嘛通信，希望前往拉萨，但是最远只是到了今天昌都市的芒康县。而麦戈文则是乔装打扮最早潜入拉萨的美国人，在拉萨还得以见到了十三世达赖喇嘛。在他们之后，第二次世界大战结束之前，还有 11 名美国人进藏并到过拉萨。再往后，从 1945—1950 年，亦即冷战开始后至西藏和平解放之前，又有两批 4 位美国人以拉萨为目标进藏，其中 1 人死在路上，3 人到达拉萨。本书将逐一叙述他们的故事。

这些故事之所以有意思、有价值，在于其大多是这些美国人进出西藏亲历亲为的亲记亲录。而 1945 年之前，他们对于西藏的认识和了解虽然有限，却较少受反共反华意识形态的影响。他们眼中的政教合一封建农奴制旧西藏，虽属东鳞西爪、支离破碎，却有真实的一面，并非后来被描述成的“香格里拉”，或“独立国”。柔克义在其发表于 1895 年的《西藏人类学笔记——以美国国家自然博物馆收藏品为基础》这篇不足百页的学术论文中说：“西藏构成中华帝国整体的一部分（Tibet…forms an integral portion of the Chinese Empire.）”，这样的话，我们是不是很难在如今西方藏学家的著述中读到？史德文墓碑上的英汉藏三种文字和他留给后人的著述，是不是能够对世人正确认识当时当地的藏汉关系有所启迪？麦戈文从印度越过边境潜入拉萨，一路发现，所谓的道路“几乎就只是平原上人和动物留下的足迹”。他关于“西藏官员做梦也不会为修建道路花一分钱”（Needless to say, The Tibetan officials never dream of spending a penny on roads, …）的慨叹，加上数十年后5名驼峰机组飞行员对于西藏山南乡村贫穷、拉萨八廓街环境脏乱差的描述，是不是有助于今人，尤其是年青一代，对于一个真实的旧西藏和统治它的旧政权多些了解？这些问题，皆可以由读者在翻阅本书之后加以思考，得出结论。而老托马斯在20世纪70年代再度访问拉萨，展览上见到自己的照片，听到自己被称作间谍，悄悄往后躲的一幕，是不是耐人寻味？是不是能让读者在莞尔一笑之后，有所感悟？

至于美国政府对于西藏的认识，至迟在20世纪初年的官方档案文件中就已经有所反映了。这个问题，应该在美国政府提出对华“门户开放”政策的大背景下予以认识。当英属印度总督寇松为侵略、分裂西藏而提出“宗主权”之说，并在1904年发动第二次侵藏战争之际，美国国务卿海约翰马上提出异议并指示美国驻英国大使与英方交涉。早在1908年，时任美国驻华公使的柔克义就在五台山和北京见到了第十三世达赖喇嘛，还把相关情况直接写信报告了美国总统西奥多·罗斯福。面对中国辛亥革命后随之发生的承认问题和中央政府派军入藏问题，美国一再表态认为西藏是中国的一部分，并不顾其他列强的异议，率先承认了中华民国。当然，所有这些举措，都不是为了中国，而是为了美国的利益。但是美国反对英国分裂西藏的活动，在历史上还是曾经赢得了中国人的好感。

20 世纪 20—30 年代，美国官方和民间对于西藏是中国的一部分已经初步形成共识。第二次世界大战爆发后，西藏的战略地位上升，美国对于西藏的兴趣也逐渐增加，于 1942—1943 年派出托尔斯泰 - 多兰使团入藏，第一次与拉萨的西藏地方当局建立了官方的直接联系。这是美国插手中国西藏问题过程中的一个重大事件。1943 年，美国总统罗斯福与英国首相丘吉尔争辩西藏的地位，明确支持了中方维护国家领土主权完整的斗争。

然而，待到第二次世界大战结束，冷战开始和中国内战爆发之后，尤其是在国民党蒋介石在中国大陆的统治走向崩溃之际，美国政府对于西藏地位的态度悄悄发生了变化。这突出地表现在 1948 年美方对于夏格巴率领的“西藏商务代表团”的接待上。而后，与“等待尘埃落定”的对华政策相适应，美国政府对于西藏也采取了犹豫观望的政策。在此历史背景下，遂发生了 1949—1950 年劳威尔・托马斯和马克南 - 白智仁两批美国人的西藏之行。

中华人民共和国成立后，中国共产党和中国政府为了实现西藏的和平解放做了多方面的工作，争取苏联等社会主义国家的支持，消除印度的疑虑并批评其在西藏问题上的错误态度。美国政府采取了敌视和遏制中国的政策，企图否认西藏是中国的一部分，鼓动英国和印度与其合作，劝诱第十四世达赖喇嘛丹增嘉措否认业已签字生效的《十七条协议》，破坏西藏的和平解放。美国政府官员甚至准备好了一旦西藏地方政府宣布否认《十七条协议》之后，美方发表的声明稿。种种因素导致美国政府在西藏问题上采取了一种自相矛盾的政策，即一方面不承认“西藏独立”、不支持“西藏独立”，另一方面却支持达赖集团从事“西藏独立”的活动。

上述内容，在这本十余万字、由 16 章组成的小书中，向读者做了介绍。

需要指出的是，美国政府插手西藏问题、利用西藏问题干涉中国内政，只是为了自己的利益。这种做法，违反了公认的国际关系准则，逆历史潮流而动，也不符合美国传统的对华政策和对西藏问题的立场。它伤害了中国人民的感情，无助于中美两国关系的改善与世界的和平发展。美国只有停止在西藏问题上干涉中国内政，采取明智的、有远见的政策，恪守承认西藏是中国的一部分、不支持“西藏独立”的立场，才能助益中美关系的健康发展。当然，不这样做，也没关系。历史事实就在那里。西藏永远是中国的西藏。中国的统一，各民族的团结，中国的发展进步、繁荣强大，中华民族的伟大复兴，任何人、任何势力也阻止不了遏制不住。不信，可以回顾历史，再审视今天。

目　录

第 1 章

美国的学者外交家柔克义与西藏

公元 17 世纪上半叶，正值中国的明末清初。从那时起，陆续有西方的旅行家、探险家或传教士前往中国的西藏及其他藏族地区游历、探险或传教。19 世纪下半叶之后，这批人中开始有了美国人。那些到过西藏和其他藏区并撰写了游记或留下了著述的美国旅行家、探险家或传教士，最早记述了他们对于中国西藏、其他藏区和藏族的了解，并将其介绍给美国人民和美国政府。他们当中最著名的一位，就是柔克义。因此，谈论美国人眼中的旧西藏，不能不从柔克义开始。

这里首先需要指出的是汉语中“西藏”和“藏区”的区别。“西藏”之称产生于清朝康熙年间，其所指一度仅限于拉萨及其周围地区。后来概念泛化，但是外延也从未等于“藏区”。“藏区”

系指包括“西藏”在内的中国藏族地区。有清一代，今日之青海、甘南、川西和滇西北的藏族地区在行政区划上各有归属，为西藏地方政府管辖所不及。

其次，需要说明英文中的“Tibet”与汉语中“西藏”和“藏区”的关系。英文中的“Tibet”，大体等于汉语中的“藏区”，它更多地是一个人文地理而非行政区划的概念，在某些情况下甚至包括了清代的锡金、不丹和拉达克等等，并不限于清代之“西藏”，更非今日之西藏自治区。柔克义和史德文的大部分活动是在中国的“藏区”，但是他们按照自己的理解，认为是在中国的“Tibet”。这正是“Tibet”与“西藏”的歧义之处。在一个世纪之前西方人绘制的地图上，“中国”“西藏”和“蒙古”（China，Tibet，Mongolia）往往并提，其间并无明确的疆界，但是它们都被认为是中华帝国（The Chinese Empire）的组成部分。柔克义当然也是这样认为的。他们的认识，既反映了那时美国人对于西藏地位的认识的客观历史实际，后来也为美国政府所接受。

柔克义（William Woodville Rockhill，威廉·伍德维尔·罗克希尔，1854—1914 年）是一位给自己起了汉文名字的美国人。他很可能是最早踏上中国西藏土地的美国人，应该是当时美国，甚至整个西方世界最权威的藏学家之一。他对于西藏历史、语言和文化的了解，即便是在今天，也很少有人能够望其项背。他是第一位能够熟练运用藏语文，并且曾经和达赖喇嘛面对面交谈的美国人，也是第一位把西藏的情况直接报告给美国总统的美国外交官。在 19 世纪下半叶之后进藏的美国人当中，柔克义的学识、阅历及其对于后世的影响，都远在其他人之上。

柔克义

柔克义童年时的家境并不好。1863年，他们全家从美国弗吉尼亚移居法国巴黎，柔克义开始接受法语教育。1872年初，在美国驻法国公使的帮助下，柔克义进入素有“法国的西点军校”之称的圣·希尔（St. Cyr）学院学习。在这里，他阅读了法国传教士古伯察神父（Évariste Régis Huc，埃瓦里斯特·雷吉斯·于克，1813—1860年）描述其19世纪40年代在西藏旅行、在拉萨传教的《鞑靼西藏旅行记》一书，引发了他极大的兴趣。据柔克义自己后来讲，正是古伯察令其产生了学习藏语文的愿望。古伯察在拉萨的传奇经历，使他对那片陌生、遥远而又神奇的土地心向往之。时年刚刚18岁的柔克义，在欧洲大陆开始了藏语文的学习。

兴趣使柔克义的学习进步很快。他开始涉猎佛教，学习梵文。1883年，不到30岁的柔克义把一部藏文佛经《自说品》

清朝末年位于北京前门东侧的美国驻华公使馆（局部）

（*Udânavarga*）译为英文出版。次年，他又把另一部藏文佛经《解脱经》（*Prâtimoksha Sutra*）译为法文出版。在古伯察的影响下，柔克义在欧洲时也已经开始了汉语文的学习。而这一切，据柔克义自己后来说，在一定意义上都是为了学好藏语文，了解更多有关西藏和藏族的知识，以便有朝一日能够向古伯察那样到西藏去，到拉萨去。

1884 年，柔克义谋得了美国驻华公使馆二等秘书的职位，实现了他前往遥远的东方的梦想。在北京，柔克义结识了一位从拉萨来的喇嘛。1884—1888 年的四年间，他师从这位兼通藏汉两种语言文字的喇嘛，在北京继续学习藏语文，间或也学习汉语文。

从 1886 年开始，已经升任公使馆一等秘书的柔克义屡次提出进藏考察的申请，却遭到他的上司、当时的美国驻华公使田贝（Charles Denby）的一再拒绝。田贝认为柔克义不务正业，两人之间龃龉日深。1888 年，柔克义返美休假，得知田贝向国务院行文报告他的不称职，而自己的申辩又未能得到公正的对待，一气之下毅然辞去公职，返回北京，准备自费进藏。

柔克义的第一次藏区之旅是 1888 年年底开始的。在从美国史密森学会（Smithsonian Institution）获得一笔资金，购置了必要的装备之后，柔克义于 12 月 17 日离开北京，打算由甘肃、青海一路前往拉萨。这次旅途的经过，成为柔克义后来所著《喇嘛之地，穿过中国蒙古和西藏的旅行笔记》（*The Land of Lamas, Notes of A Journey through China, Mongolia and Tibet*）一书的基本内容。他这本书的开篇第一句话就告诉读者：

> 西藏是我一生的兴趣所在。我从大学时代就开始阅读欧洲人写的为数不多的几本关于西藏的书籍。后来我开始学习汉语文，也只是为了将其作为一种手段，以便更多地了解那片土地和它的居民。

时值1888年英国发动第一次侵藏战争后不久，柔克义十分清楚，当时中国清政府不允许外国人擅自进入西藏。他在西宁躲过了清朝官员的盘查，于1889年2月14日抵达青海塔尔寺，赶上了藏历新年每年一度的酥油花灯节。他用生花妙笔描写了清朝西宁办事大臣前来观看酥油花灯的情景：

> 正月十五（2月14日）西宁办事大臣（柔克义称之为“安班”）和该省这一地区的中国高官们前来观看当晚在塔尔寺展示的酥油花灯。喇嘛们在他们途经的道路两侧盘腿席地而坐，排成长达半英里的行列，而寺院的长老与其他僧官则列队站立一旁，恭候安班和中国高官们的光临。……他们的随从吹着喇叭，打着黄伞，显示出清朝大员的气派。

在塔尔寺逗留了数周之后，柔克义继续悄悄南行，试图前往拉萨。他经过青海湖、柴达木，抵达黄河源头。后来因为花尽了旅费，在距离拉萨400英里的地方折向藏东，经玉树、德格、格达（即噶达，今四川道孚县东南）抵达康定。7月10日，柔克义离开康定，从雅安、重庆东行，于8月8日到达宜昌，数日后回到上海。此行历时半年多，行程 4900 余英里。返回中国内地后，柔克义连续写了数篇文章，发表在《世纪》（*The Century*）杂志上，随后，又整理出《喇嘛之地，穿过中国蒙古和西藏的旅行笔记》，详细讲述他这一次中国之行的经历。尽管没有到达拉萨，此行还是给柔克义留下了难忘的印象。他在书末写道：“吃糌粑，喝酥油茶，还有其他我在‘喇嘛之地’享受的奢华生活，……在我的心中留下了那样甜美的回忆。”

在这部游记中，柔克义记述了他沿途了解到的藏族习俗，例如天葬，也叙述了一些清代发生在西藏的重大历史事件，如清乾隆年间的珠尔墨特那木扎勒之乱。他写道：

> 1751 年，中国军队在西藏平息了一次由珠尔墨特那木扎勒挑起的叛乱。皇帝褫夺了他的封号，把政府交给由数位大臣（噶伦）组成的一个委员会控制。委员会的首领是个喇嘛，人称“藏王”。

柔克义十分准确地指出了清朝乾隆皇帝废除珠尔墨特那木扎勒的郡王封号，设立以第七世达赖喇嘛为首的噶厦政府并任命噶伦的历史事实。

由于柔克义的游记既源自实地考察，又佐以历史记录，所以对其他一些历史事件的叙述也往往是很准确的，如驻藏大臣（安班）如何收受贿赂、决定“藏王”人选，等等，都相当准确。当然，也有一些地方并不十分恰当。例如，柔克义把清朝的理藩院译为“北京的殖民部（The Colonial Office of Peking）”，就是错误的。据柔克义估计，藏区的全部人口在350万左右，其中大约200万居住在“拉萨王国（Kingdom of Lhasa)”，也就是汉文中通常所说的“西藏”。

作为一个西方的学者和旅行家，柔克义较少民族或种族的偏见。一般来说，他在自己的著述中只是客观地介绍他所了解的西藏和藏族。引用前人著述，也是同时介绍不同的观点。他对于藏传佛教的客观评价，甚至惹恼了美国的某些基督教团体，抨击他有亲佛教的倾向，并且一度影响到他后来的升迁。然而，他对于西藏深刻而独到的了解，却在日后为其赢得了西奥斯多·罗斯福总统和国务卿海约翰的欣赏与友谊。

1891年，柔克义的论文《西藏，源于中文资料的地理学、人种学和历史学的概述》(*Tibet, A Geographical, Ethnographical and Historical Sketch, Derived from Chinese Sources*）发表在英国《皇家亚洲学会杂志》(*Journal of the Royal Asiatic Society*）上。同年年底，柔克义开始了他的第二次藏区之旅。此次，他以前任美国驻华公使馆秘书的身份，得到了清朝政府总理各国事务衙门签发的护照，获准前往甘肃、四川、云南、新疆和青海（柔克义称之为“处于西宁安班行政管辖之下的蒙藏地区”）游历，但实际上并不包括西藏。柔克义认为，他可以顺利抵达那曲，拉萨则难以预料。

柔克义计划从甘肃南部进入西藏，向西南方向前往拉萨，再经由尼泊尔、锡金离开西藏。此次的路线途经之地更为荒凉，柔克义还要有意避开牧民，以免被人认出告发受阻而无法到达拉萨。因此，旅途更加困难重重。他和仆人时时要为食物发愁。在柔克义的笔记中这样记载：

俗话说，一个蒙古人一年要吃3磅畜毛，一个藏族人一年要吃3磅沙子，一个汉人一年要吃3磅尘土。我现在就过着蒙藏汉相结合的生活，每餐都要与可怜的食物一起咽下尘土、畜毛和沙子。尘土沙子很容易吞咽，但是畜毛令人毫无办法，无论怎样咀嚼也不可能嚼碎。

1892年7月，在人无粮、畜无草，而且难以确定方位的情况下，柔克义只好放弃避开人迹悄悄前往拉萨的计划，向就近的牧民求助。随之，在距离拉萨110英里的地方被阻。柔克义在其笔记中称，他当时的位置距离日喀则还有10天的路程，距离英属印度边境还有不到25天的路程。“天命，这是天命！”这第二次西藏之旅仍然没有实现他前往拉萨的愿望，但是他却获准取道昌都返回内地，而不必原路折回。这使他有可能踏勘一片未知的藏区，从事民族学和地理学方面的考察。在昌都，当地的藏族头人热情招待了他和他的仆人，送给他一匹小马。离开时，还有10名士兵护送。

前往昌都的旅途并非顺利，柔克义仍然遇到沿途藏民的阻拦。一次遇阻后，他同当地的藏族头人（第巴）发生了争执。柔克义后来在书中写道：

那个藏族头人对于外面的世界一无所知，既不愿意给我派向导，也不愿意卖给我粮草。我告诉他，假如明

> 天他还不能够把我带到中国人管辖的地方，并在那里找到地方官员护送我到昌都，我就要前往那曲，如果必要，前往拉萨，去见安班。我手上有大皇帝给我的护照，只有驻藏大臣才有权决定我的行止。藏族头人说我不能到那曲去，那里是第巴雄（西藏地方政府）的地方，他们不让我在那里游历。我说，两年前有三个洋人到过那曲，而他们并没有护照。后来他们三人还是被礼貌地护送至巴塘。对于我的礼遇不应低于他们。……我可以不去拉萨，但是他们必须满足我的要求，否则我就要到拉萨找安班最后决断。

一番交涉之后，柔克义得以到了昌都。他称藏族首领彬彬有礼，但是态度顽固。那个藏族头人不断地重复说："假如你不照我说的做，他们就会砍我的头，因为这里是第巴雄的地方。"此事一方面反映出柔克义与其他洋人一样，不顾中国的主权而随意在中国的领土上游历；另一方面也表明，柔克义凭借其在华多年的阅历，很清楚西藏与清朝中央政府之间的隶属关系，知道由于他持有清廷颁发的护照，便可以要求当地藏族官员放行。

1892 年 10 月，柔克义再度回到上海。这次历时 10 个月的旅途，柔克义穿越 8000 余英里，翻过 69 个海拔 14500 英尺以上的山口。他沿途拍摄了 300 余张照片，收集了 300—400 件植物学、地理学和民族学的标本，其中包括藏族的服装鞋帽、珠宝首饰和生活用具。上述物品，至今仍然保存在美国史密森自然博物馆（Smithsonian's Museum of Natural History）。这些成就使得柔克义声名鹊起，受到英国皇家地理学会的关注。后来，他应邀前往伦敦，结识了英属印度的间谍兼藏学家钱德拉·达斯（Sarat Chandra Das）。回到华盛顿后，柔克义得到海约翰等人的支持，于1893年重返国务院，在后来的三年中出任克利夫兰总统（President Grover Cleveland）的助理国务卿。1897年，对柔克义反感的传教士们成功地阻止了他出任美国驻华公使。然而海约翰和当时还是纽约州州长的西奥多·罗斯福都已对他颇为赏识。

柔克义关于西藏的民族学论文于1895年由史密森学会刊行，题为《西藏人类学笔记——以美国国家自然博物馆收藏品为基础》（*Notes on the Ethnology of Tibet, Based on Collections in the U.S. National Museum, Smithsonian Institute Report,* 1893.）。这篇不足百页的学术论文附有52张照片，内容包括藏族的服装、鞋帽、饰物、日常用具、武器、乐器、宗教物品等等。就在此文中，在介绍完西藏的地理位置之后，柔克义谈及西藏的归属，毫不含糊地点明：西藏构成中华帝国整体的一部分（Tibet…forms an integral portion of the Chinese Empire）。

柔克义晚年向美国国会图书馆捐献了6000卷的中国文献，其中包括了满文、蒙古文和藏文的书籍，以及一部1733年版的藏文大藏经《甘珠尔》。显然，他认为满族、蒙古族和藏族等中国的少数民族都是中国人。

1900年8月，柔克义奉命作为美国政府的特使前往北京，与列强一起同清朝政府进行签订《辛丑条约》的谈判，展示出他的外交才干。1905年3月，柔克义出任美国驻华公使。担任公使后，柔克义仍然著述不辍，于1905年出版了《15世纪至

五台山菩萨顶（图片来自网络）

1895年中国与朝鲜的交往》（*China's Intercourse with Korea from the XVth Century to 1895*）一书，1907年在伦敦出版了依据藏文史料编译的《佛的一生》（*The Life of Buddha*）。由于柔克义身份的变化，他与中国西藏和后来与达赖喇嘛的接触，显然已经超出了民间交往的性质。但是柔克义依然具有外交家和学者的双重身份。就学术上的地位而言，柔克义是欧美中国学家中的佼佼者。据说，当时西方世界可能仅有的三个兼通汉藏语文的权威中，他便是其中之一，而且是其中唯一一个为世人所知的广泛涉猎藏传佛教文献的权威。

从19世纪末开始，柔克义多次进藏并试图前往拉萨。他的足迹遍及我国边疆蒙古、藏等少数民族地区，直到后来在五台山和北京多次面见十三世达赖喇嘛，并与之保持联系。他以自己的亲身游历为基础，撰写了若干有关蒙古、藏等少数民族历史、文化、宗教、语言方面的笔记、游记和论文。他坚实的藏汉语言功底与佛学知识，使他从开始就站在一个远高于一般西方探险家的起点上来了解和研究西藏。

柔克义在中国西藏及其他藏区的活动，是在清朝后期特定的历史条件下进行的，一方面在事实上干涉了中国的内政，另一方面，在客观上则有助于把一个真实的西藏告诉外部世界。而他对西藏的认识，日后又深深地影响了美国政府和西方学术界。

原载《中国西藏》2017 年第 1 期

第 2 章

美国驻华公使柔克义与十三世达赖喇嘛的交往

柔克义是中美关系史上第一位与达赖喇嘛交往的美国外交官。

1903 年 11 月，英国政府批准英属印度总督寇松的一再要求，发动了第二次侵藏战争。十三世达赖喇嘛违背清朝中央政府“不抵抗”的旨意抗击英国侵略，而沙皇俄国当初通过布里亚特蒙古僧人德尔智作出的援助西藏抗击英国的许诺，成了口惠而实不至的画饼。1904 年夏秋之际，达赖喇嘛战败逃离拉萨，出走蒙古。清廷接受驻藏大臣有泰的请求，将达赖喇嘛名号“暂行革去”。正是在此次逃亡蒙古期间，美国驻华公使柔克义与达赖喇嘛开始了交往。

那时的达赖喇嘛虽然已经年近 30 岁，但是对于列强之间的关系仍然所知甚少。达赖喇嘛给柔克义的最初信件是希望能够得到柔克义的建议，并通过这位美国驻华公使居间活动，使自己的声音上达“满洲皇帝的金耳朵”。然而，柔克义的复函却并没有鼓励他寻求外国的帮助。这与当时的国际形势有着密切的关系。

就在英国第二次侵藏战争进行之际，日俄战争爆发。俄国战败日本获胜的结果，使俄国对于西藏的野心不得不有所收敛。1905 年，英国自由党上台组阁，寇松从印度总督位置上去职，其积极侵略西藏的政策遭到挫折。1906 年，清朝政府与英国政府在北京签订《中英续订藏印条约》。尽管此约将 1904 年荣赫鹏逼签的《拉萨条约》作为附件，予以认可，但是中英两国就“西藏问题”谈判签约这一事实本身，就已经在实际上把西藏置于中国政府的主权管辖之下。随后，1907 年英国与俄国缔结《英俄协约》，背着中方宣布承认中国对于西藏的“宗主权”，双方相约除通过清朝政府外，不与西藏地方当局直接联系。英国对于西藏的侵略势头也有所减弱。

流亡期间，十三世达赖喇嘛在外蒙古首府库伦（今乌兰巴托）与蒙古的黄教领袖哲布尊丹巴失和，处境尴尬，急于返回西藏。他向俄国的探险家科兹洛夫（Peter Kozlov）询问，是否知道有哪个西方国家驻在北京的外交官懂得藏文并了解西藏。1905 年，在得知柔克义这样一位美国驻华公使的大名之后，达赖喇嘛修书一封，派了两名使者携带信函和礼品前往北京拜访柔克义。达赖喇嘛希望知道柔克义个人对于他是否应该及早返回拉萨的看法。从此，他和柔克义的书信往还一直持续到 1914 年柔克义辞世。

1905年9月，十三世达赖喇嘛离开库伦，穿越蒙古草原，走走停停，于次年11月抵达青海塔尔寺，准备返藏，但是遭到英印当局的反对。1907年春天，达赖喇嘛提出西宁“地方寒冷，水土不宜”，请求清廷准予其“于九月间率领徒众前往五台山，瞻仰圣境，借资修养”，并有进京朝觐之意。1908年年初，达赖喇嘛一行抵达山西省佛教圣地五台山，准备进京。

得知达赖喇嘛驻锡五台山的消息，柔克义于1908年6月13日打点行装，由美国驻华公使馆的托马斯·哈斯金斯（Thomas Haskins）陪伴，用了五天时间赶到那里。尽管不在拉萨，这却是一位美国外交官与中国西藏的达赖喇嘛的第一次会见。这位美国驻华公使在五台山的菩萨顶盘桓了整整一个星期，用藏语直接同达赖喇嘛交谈，不需任何人居间翻译。他劝告达赖喇嘛遵从清朝皇帝的旨意，改善与英属印度政府的关系，并将其作为自己政策的基点。他对达赖喇嘛说，作为一名盎格鲁—撒克逊血统的人，他可以担保，英属印度政府寻求与西藏建立更为密切的联系纯粹是出于商业上的目的。为了感谢柔克义的来访，达赖喇嘛送给他一幅珍贵的唐卡。7月，达赖喇嘛上奏清廷，表示将于9月下旬前往北京。8月，清廷电令山西巡抚宝棻：“达赖来京，准其由龙泉关抵定州，改乘火车北上。著该抚会商直隶总督妥为照料。”

面见达赖喇嘛之后，柔克义给西奥多·罗斯福总统（President Theodore Roosevelt）写信报告他的五台山之行，并转致这位西藏黄教领袖对于美国总统的问候和礼品。他告诉总统：

十三世达赖喇嘛赠送给柔克义的宗喀巴像唐卡

我坐着和达赖喇嘛亲切交谈。我背后站着一位僧人，用达赖喇嘛的蝇甩为我驱赶头顶的苍蝇。达赖喇嘛要求将我的茶杯中一直注满热茶，要求我今后和他保持通信联系，做他的顾问和朋友。这一切简直太不寻常了。我难以相信自己的耳朵和眼睛。

此信长达十二页，柔克义还有话要讲，但是担心信已经过长了。

罗斯福总统十分高兴地给柔克义回了信：

我觉得，对于我们这一代人中的任何一个人来说，这都是一番非常有趣、异乎寻常的经历。据我所知，这是史无前例的。简直令人难以置信！我祝贺你，我也为在这个世界上这样一件事恰巧让我们美国的一位外交代表亲身经历而感到庆幸。

不等柔克义复信，总统的第二封信又到了。罗斯福告诉柔克义，他发现柔克义与达赖喇嘛的会见“从英国政府的角度来看太重要了”，所以他同意让英国特使布赖斯勋爵（Lord Bryce）在某些最高级别的（英国）官员中传阅此信。这就把达赖喇嘛对于英国态度的转变传达给了英方，而上述转变在一定程度上是柔克义促成的。罗斯福还告诉柔克义：

在此事上，我们乐于给英国人帮些忙。假如你能够

得到（达赖）喇嘛与北京的中国人之间交往的任何消息，请让我知道每一个细节。

9 月 22 日，达赖喇嘛与他的随从在清朝中央政府所派卫队的护送下离开五台山，从定州登上由汉口开往北京的火车，于 9 月 28 日抵达京城。在火车站，达赖喇嘛受到理藩部和内务府官员的迎接，而后住进德胜门外的黄寺。那是 250 多年前清顺治皇帝为迎接第五世达赖喇嘛进京朝觐而修建的。这期间先后出了八位达赖喇嘛，西藏地方与清朝中央政府的关系已经发生了很大变化。十三世达赖喇嘛希望得到当年第五世达赖喇嘛的礼遇，却没能如愿。

达赖喇嘛知道清廷在考虑褫夺他的世俗权力，到北京后的第二天，就派手下官员拜访柔克义，请他前来相见。10 月 6 日，柔克义前往黄寺。在与达赖喇嘛仅仅持续了十分钟左右的交谈中，柔克义发现，与上次在五台山见面时相比，达赖喇嘛情绪糟糕，

1908 年十三世达赖喇嘛抵达北京火车站（罗杰提供）

常常发火，烦躁不安而且不爱说话。柔克义后来得出结论：达赖喇嘛对于他的人民没有兴趣，关心的只是保持自己现有的特权。此后他又数次与达赖喇嘛见面，给他提供咨询和建议，帮助他用藏文起草奏折。

达赖喇嘛还派了德尔智求见俄国公使廓索维慈（Ivon Korostovetz，1908—1912 年任俄国驻华公使），但是既没有得到鼓励也没有得到建议。俄国公使告诉德尔智，俄国已经放弃了支持东方各地的统治者的政策。显然，无论英国还是俄国，对于西藏的兴趣都不如从前了。

10 月 21 日，达赖喇嘛派了一名心腹陪同德尔智前来拜访柔克义。德尔智说，达赖喇嘛听说在涉及西藏内部行政管理的问题上，清朝中央政府准备进行重大改革，十分担心清朝皇帝会削减他的前辈达赖喇嘛曾经享有的世俗权力。柔克义告诉德尔智，无论过去如何，达赖喇嘛现在的身份就是清朝皇帝的一名臣子（vassal prince）。德尔智对此不能争辩，告诉柔克义，达赖喇嘛的最大愿望就是清朝皇帝一如既往维护黄教，并允许达赖喇嘛不经驻藏大臣而将西藏的情况直接上达圣聪。柔克义觉得达赖喇嘛的这些要求都是合情合理的。

在此期间，还发生了觐见皇太后和皇帝的礼仪问题。

达赖喇嘛抵达北京后接到通知，光绪皇帝将在 10 月 6 日接见他。届时皇帝将站立接受他行磕头的大礼，简短的问候之后，皇帝落座，也让达赖喇嘛在其旁边一个较低的座位上坐下。随后上茶，皇帝将询问藏事。达赖喇嘛听说要磕头，当即拒绝。后来几经劝说，达成妥协，达赖喇嘛得以免去磕头，但是下跪还是

十三世达赖喇嘛觐见慈禧太后（图片来自网络）

不能少的。结果，原定6日的觐见推迟到14日在颐和园仁寿殿进行，达赖喇嘛得分别觐见皇太后和光绪皇帝。10月30日，皇帝在紫光阁为达赖喇嘛设宴，皇帝进场和退场时，达赖喇嘛要在“入宴座次跪迎跪送”。数日后的11月3日是皇太后的73岁生日。前一天，达赖喇嘛要行“亲递皇太后万寿贡物礼节”。典礼当日，祝寿的行列中加进了光绪皇帝本人，达赖喇嘛不得不和满朝文武官员一起行了三跪九叩的大礼。

达赖喇嘛恭捧磁盘，内盛黄缎包净水瓶、长寿瓶、长寿丹，衬黄哈达，哮经，敬谨跪递，御前大臣接受。皇太后面赏珍珠念珠一盘、哈达一方、御用黄伞一柄、

慈禧太后接见十三世达赖喇嘛时的情景，罗布林卡壁画。(图片来自网络)

御笔匾一面、御笔对联一副、珊瑚如意一柄。达赖喇嘛跪领，行三跪九叩首礼谢恩。

所有这些下跪磕头换来的是光绪皇帝在祝寿典礼过后的一道圣旨：

朕钦奉慈禧端佑康颐昭豫庄诚寿恭钦献崇熙皇太后懿旨，达赖喇嘛上月来京陛见，本日率徒祝嘏，备抒悃忱，殊堪嘉尚，允宜特加封号，以昭优异。达赖喇嘛业经循照从前旧制封为“西天大善自在佛”，兹特加封为“诚顺赞化西天大善自在佛”……并按年赏给廪饩银一万两，由四川藩库分季支发。达赖喇嘛受封后，即著仍回西藏。

依据清朝政府公布的消息，并参阅各种资料，柔克义详细记述了十三世达赖喇嘛在京活动的各种细节，进而辑成《拉萨的历辈达赖喇嘛及其与中国的历代满洲皇帝的关系，1644—1908 年》（*The Dalai Lamas of Lhasa and Their Relations with The Manchu Emperors of China 1644-1908, "T'oung Pao",* Vol. XI, 1910.）一文。该文征引了大量汉藏文史料，在关键地方注明藏文的拉丁文转写和汉文原文。例如英文的"Kowtow""Genuflexions"后面，就在括弧里加注了"叩首""跪"或"叩谢"等汉字，达赖喇嘛的封号"诚顺赞化西天大善自在佛"，也在英文解释之后加注汉文原文。

清朝皇帝固然没有公开削减达赖喇嘛的权力，但是也同样没有满足他回西藏后直接上奏的愿望。而是要他"到藏以后，务当确遵主国之典章，……所有事务依例报明驻藏大臣，随时转奏，恭候定夺，……以无负朝廷护持黄教绥靖边陲之至意。"据达赖喇嘛告诉柔克义，他行前给朝廷的奏折，是朝廷为他拟写好的，"虽一字不得增饰"。当他探询柔克义的看法时，柔克义说，自己唯一的建议就是达赖喇嘛尽快复奏皇太后和皇上，毋再羁延。即便在慈禧太后和光绪皇帝驾崩之后，柔克义的意见也没有改变。

1908 年 12 月，达赖喇嘛带着对于清朝中央政府的强烈不满离开北京。柔克义的藏学家和外交官的双重身份，给了他与达赖喇嘛交往和把了解到的情况直接上报美国总统的便利条件。柔克义告诉罗斯福总统，他担心达赖喇嘛在未来不会同清廷合作，"我可能成为这位黄教领袖的世俗权力被取缔的见证人"。柔克义不幸没有全部言中。达赖喇嘛返回西藏后的确不肯与清廷合作，他与驻藏大臣的冲突甚至愈演愈烈。然而三年之后，垮台的不是达赖喇嘛在西藏的权力，而是清朝政府在中国的统治。

柔克义毕竟对西藏地方与清朝中央关系的历史和现状有着深刻的了解，这种了解可能比任何一个与他同时代的西方人都更为清晰。他在《拉萨的历辈达赖喇嘛及其与中国的历代满洲皇帝的关系，1644—1908 年》一文结尾的话，即便今天读来，都不乏真知灼见。这位美国驻华公使说：

> （直到清朝的最后岁月）藏族人也并没有提出从中国完全独立出去，或者享有比以前更大程度的独立的要求。他们不想失去中国的帮助和指导，对于 1793 年的改革（指《钦定藏内善后章程二十九条》的颁行）也并无不满。改革符合当地的需要，顺应人民的习俗。藏族人的不满是针对中国官员在西藏行使职权，或者毋宁说是针对他们玩忽职守、未能恰当地行使职权的所作所为，是针对他们各种各样的需求勒索，是针对他们在藏族人遇到困难或麻烦时，不能或不愿给予正确的指导和适当的支持，是针对他们无力帮助藏族人革除弊端，建立公正。这些才是他们不满的理由，才是他们一次次犯上的起因，也才是令藏族人闭关自守，其感情与中国人日渐疏远的根源。

作为一个美国外交官，柔克义在 20 世纪初讲的这些话，可能并不为今天的某些西方人所赞同，然而柔克义讲的却基本上是

in the name of Her Majesty, to the Dalai Lama. Then the Dalai Lama will make one kotow and will be escorted out of the Presence".

The following day, being the birthday of the Empress Dowager, the Emperor, the Princes and all the Ministers of State went through the ceremony of three kneelings and nine head-knockings, and after them the Dalai Lama did likewise at the foot of the steps of the Ching-fu gate.

In commemoration of the unprecedented magnificence which had marked the ceremonies of her birthday, due in very great part to the presence at them of the Dalai Lama, the Empress Dowager issued the following Edict on the day of the celebration:

"Last month the Dalai Lama came to Peking, and has had audience. To-day he and his suite offered their birthday congratulations with a degree of sincerity which We highly appreciate. We have therefore determined to confer on him a title to show Our appreciation [1]).

"In past times the Dalai Lama received the title of "Most Excellent, Self-existent Buddha of the West" (西天大善自在佛) [2]). His title shall henceforth be "The Sincerely Obedient, Re-incarnation-helping, Most Excellent, Self-Existent Buddha of the West" (誠順贊化西天大善自在佛).

"The Board of Ceremonies and the Board of Dependencies are hereby ordered to jointly arrange without any delay for the ceremonies of investiture, and to present a memorial on the same.

"Furthermore an annual stipend (廩餼) of ten thousand

1) A few days before this the Dalai Lama had been given the rank of Prince of the First Class (和碩親王), the highest that can be given a subject of the Empire.

2) The title referred to is that given in 1653 to the 5th Dalai Lama. It is not correctly given here. See *suprà*, 17.

事实。

1909 年，柔克义奉命出任美国驻俄国大使。他依旧心系西藏，在圣彼得堡与达赖喇嘛保持通信联系。保存在哈佛大学霍顿图书馆（Houghton Library, Harvard University）的达赖喇嘛致柔克义的信件中，有一封 1911 年发自锡金、注明“To Rog-Hil”的信这样写道：

> 我从你的来信中高兴地获悉，你仍然在为西藏的福祉而努力。我们两个政府之间的关系一如既往和睦平静。我请求尊敬的公使不断增进佛教的利益。希望得到你的消息，请像以前那样以慈悲之心给我们写信。
>
> 达赖喇嘛寄自大吉岭，藏历铁猪年五月吉日。

中华民国建立后，袁世凯先后聘请了莫里循（George Morrison，伦敦《泰晤士报》的记者）和柔克义做他的私人顾问。1914 年，柔克义从美国动身前来中国就职，病故于途中。此后，直到 1933 年十三世达赖喇嘛圆寂，再也没有出现另一个像柔克义那样深入清晰地了解西藏并与达赖喇嘛保持长期联系的美国政府官员。

从柔克义生活的时代开始，美国政府和民间一直处于不断了解中国西藏的过程中。尽管到 20 世纪 20 年代末为止，这种了解仍然是零碎的、不系统的，但是美国始终是把西藏作为中国的一部分的。这不仅是因为西藏之作为中国的一部分是一个实实在在的历史事实，尤其是因为承认西藏是中国的一部分体现了美国自身的利益，符合美国的对华“门户开放”政策。美国从自身利益出发，反对其他列强在中国割占领土或划分势力范围的活动。在西藏问题上，从20世纪初美国政府开始对于西藏有所了解时起，其视西藏为中国之一部分的态度就是比较明确的。如同美国的著名中国学学者拉铁摩尔（Owen Lattimore）后来指出的那样：“美国的原则是中国的完整，……美国关于中国完整的观念是：西藏、蒙古和新疆都是中国的一部分。”而对于上述原则的形成和美国政府正确地认识西藏的地位，柔克义所发挥的作用，可能远在其他任何一个美国人之上。

原载《中国西藏》2017年第2期

第 3 章

美国政府与清末民初的西藏问题

美国政府最初就西藏的地位问题表明自己的官方态度，是在 20 世纪初。当时，统治着印度次大陆的英国为了与沙皇俄国争夺在亚洲大陆的殖民霸权，亟谋侵略我国西藏，而以十三世达赖喇嘛为首的西藏地方政府目睹英属印度在喜马拉雅山南麓的扩张，不愿与英国人（藏族人称其为“披楞”，本意接近汉语中的“洋人”，后来在一定意义上专指英国人）交往，并援引 1793 年清朝中央政府颁行的《钦定藏内善后章程二十九条》中的有关规定，拒绝英属印度政府与西藏建立联系的要求。为了抵制沙皇俄国在西藏的影响，变西藏为英属印度东北边境的“缓冲国”和英国的势力范围，英属印度政府处心积虑地想要绕过清朝政府，直接同西藏交往。1903 年，英属印度总督寇松（Lord Curzon）致函英王陛下政府印度事务大臣汉弥尔顿（Lord George F. Hamilton），首次把中国在西藏的主权歪曲为“宗主权”（suzerainty），试图从法理上否认中国对于西藏的主权，并要求英国政府批准英属印度政府派遣一个使团前往西藏的计划，同意他在西藏问题上施行积极的侵略政策。

当时美国政府刚刚提出对华“门户开放”政策不久，认为寇松在西藏所实行的政策，目的在于变西藏为英国之禁脔。必将影响美国在华的未来利益，因而表示强烈异议。1904 年 6 月 3 日，美国国务院国务卿海约翰指示美国驻英国大使约瑟夫 · H. 乔特（Mr. Joseph H. Choate）提醒英国政府，英国政府通过与中国政府谈判涉及西藏的问题并签订条约，曾经多次承认中国对西藏的主权。而对于西藏，“中国从未放弃过他们的主权（sovereign rights）”。美国认为西藏是中国的一部分，十分关注中国的领土完整，不能同意印度政府所谓中国对于西藏的主权只不过是“法律上的虚构”（a constitutional fiction），是“政治上的矫饰”（a political affectation）的说法，不能同意寇松对于西藏的地位所作出的新的界定。

在华盛顿，国务卿海约翰还约见了英国驻美国大使莫蒂默 · 多兰德（Sir Mortimer Durand）。多兰德告诉海约翰，英国政府无意长期占领西藏，也不会采取任何损害中国领土完整的行动。1904 年 6 月 29 日，乔特在伦敦会见了英国外交大臣兰斯多恩侯爵（Marquess of Lansdowne），要求英国政府确认，英国政府不会采取可能改变西藏地方政府的现状或削弱中国对于西藏的控制的行动，并且推断英国仍然视西藏为中国领土的一部分，不准备改变西藏的地位。然而乔特得到的却是兰斯多恩侯爵含糊其词的回答。

此前，沙皇俄国政府已经与英国交涉，逼其做出不吞并西藏的承诺。德美两国政府都指示其驻伦敦的外交使节与英国外交部交涉，要求英王陛下政府澄清英军侵藏的目的。 主要是由于可以预见得到的美国、俄国和德国等列强可能的干预，英国政府在西藏问题上不得不谨慎从事。

1904 年 8 月英军进入拉萨，9月初，逼签了《拉萨条约》。此约后经 1906 年 4 月在北京签订的《中英续订藏印条约》收入附约予以确认。1907 年 8 月，英俄两国经过一年多的谈判签订了《关于波斯、阿富汗和西藏问题的协定》。该协定背着清朝政府，把中国对西藏的主权称作“宗主权”，但是承诺除通过中国政府外，双方均不直接与西藏地方当局交涉。俄国布尔什维克党的领袖列宁称彼此争夺又相互勾结的这两个帝国主义国家是为了“瓜分波斯、阿富汗、西藏，准备同德国作战”，才“把争夺西藏的斗争移到北京的朝廷”的。而这时候，美国大体上还是置身事外的。

辛亥革命之后的将近二十年时间里，美国政府与西藏地方当局没有直接的交往。除了为数不多的几个生活于中国藏区的美国传教士之外，美国并无政府或民间机构驻在西藏，不存在商贸关系，没有官方联系，甚至很少美国人入藏探险游历。总之，美国在中国西藏并无需要特别加以保护的利益。但是，美国政府和民间依然关注西藏，对于西藏的兴趣在逐渐增加。尤其在西藏的地位有可能因为列强，特别是英国的干预而发生变动时，美国并不总是一个沉默的旁观者。

辛亥革命爆发后，十三世达赖喇嘛从印度返回西藏，驱逐清朝驻藏军队。1912 年夏，当袁世凯政府派军进藏，试图恢复中央政府与西藏地方的关系时，英国政府立即出面干涉。8 月 17 日，英国驻华公使朱尔典（Sir John Jordan）在一份致中国政府的备忘录中说："英国过去承认中国对西藏的宗主权，但不承认中国有权干涉西藏的内政"。

朱尔典的这份备忘录在北京的外国驻华使团当中受到了批评，美国的态度尤为明确。据《日本周报》（*The Japan Weekly Chronicle*）1912 年 9 月 12 日的报道，当该刊记者探询美国驻华公使馆的态度时，这位日本记者被告知："美国在西藏没有利益。然而，根据英中条约，没有理由认为中国军队不能进入西藏。"这反映出美国官方视西藏为中国的一部分，对于英国在西藏问题上干涉中国内政，从而损害"门户开放"政策的做法是持异议的。

但是英国政府却坚持自己的立场，拒不承认新成立的中华民国政府，并且劝告其他国家在承认问题上与英国协调行动。对此，美国政府不以为然。1913 年 3 月 4 日，托马斯·伍德罗·威尔逊（Thomas Woodrow Wilson，1856—1924 年）就任美国第 28 任总统。美国国内舆论要求立即承认中华民国的呼声更加高涨。3 月 18 日，美国署理驻华公使卫理（Edward Thomas Williams）在给国务院的长篇报告中建议立即承认中华民国政府。卫理指出，刚刚以革命废除帝制建立共和的中国人民视美国为"共和国之母"，一直对美国抱有特别的感情和希望，而美国拒绝承认其新政府"已经使他们感到特别懊恼"。继续推迟承认势必"伤害中国人的自尊心，激起他们的怨恨”。卫理认为美国应该成为率先承认中华民国的政府。“这不仅将极大地增进（中国人）对美国已有的友好感情，而且也有助于防止其他国家提出不公正的承认条件。英国已经声明，在中国同意与英国召开一个关于西藏问题的会议之前不会承认民国政府。其他国家也提出了其他条件……”因此，“继续恪守与列强的合作政策，在所有列强达成一致之前拒不承认中华民国，不仅会损害美国的利益，而且是在纵容其他国家的侵略企图”。

美国国务院接受了卫理的建议，不顾英国、法国、意大利、奥匈帝国、丹麦、日本等国政府仍然推迟承认中华民国政府的做法，为了自己的利益，率先承认了中华民国政府。1913 年 4 月 2 日 11 时，美国国务卿致电署理驻华公使卫理，指示他转达美国总统威尔逊致中华民国总统袁世凯的声明 :“是以美国政府及人民皆以余当代表美国政府及我美人民欢迎新中国加入万国一家内”。美国政府此举虽然并非完全出自对于西藏问题的考虑，但是与海约翰时期相比，美国在制定和执行包括西藏在内的对华政策方面，摆脱英国和其他列强的影响，独树一帜以追求本国利益的态度更为鲜明了。

然而，中国政府在当时的条件下没有顶住英国的压力，同意于 1913 年 10 月派陈贻范赴印度西姆拉参加中英藏三方会议，谈判解决西藏问题。直到这时，英国政府才承认了中华民国。1914 年 7 月，英国一手策划的西姆拉会议破产，没有形成以中国政府为缔约一方的任何文件。不久，第一次世界大战爆发，英国的注意力被吸引到欧洲战场，其图谋侵略和分裂中国西藏的活动一度

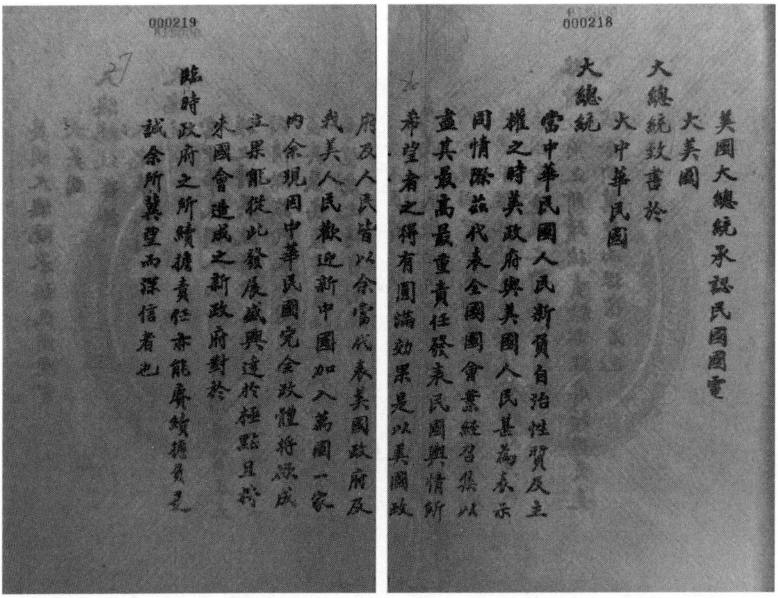
美國大總統承認民國國電
大美國
大總統致書於
大中華民國
大總統
當中華民國人民漸負自治性質及主
權之時美政府與美國人民甚爲表示
同情際茲代表全國國會業經召集以
盡其最高最重責任發表民國輿情所
希望者之得有圓滿効果是以美國政
府及人民皆以余當代表美國政府及
我美人民歡迎新中國加入萬國一家
内余現因中華民國完全政體將來成
立果能從此發展盛興達於極點且我
來國會造成之新政府對於
臨時政府之所續擔責任亦能賡續擔負是
誠余所冀望而深信者也

美国总统致电袁世凯承认中华民国

有所放松。

第一次世界大战结束后，英国一再催逼中国与之重开关于西藏问题的谈判，企图迫使中国政府接受一个类似“西姆拉条约”的文件，以确定西藏的所谓“自治”即“缓冲国”地位，承认英国在西藏的影响和特权。当时的中国政府采取了拖延的策略，这样做的一个重要原因是对美国政府的调解寄予希望。

第一次世界大战使国际关系格局发生了极大的变化。战争期间，俄国于1917年发生了十月革命，从此退出了帝国主义阵营。战后大英帝国日益衰落，国际地位逐渐下降，已经丧失了早年的殖民扩张势头。与此同时，美国的势力及其在全世界的影响则迅速增长。由于在西藏问题上美国一直采取客观上有利于中方的立场，因此，在华盛顿会议召开前夕，当英国政府一再催逼中国政府就西藏问题重开谈判之际，中国驻伦敦公使施肇基提出请美国仲裁，参与解决西藏问题的建议。

英国政府中在西藏问题上插手甚深的人，当然会反对美国染指此事。英国驻华公使朱尔典闻讯后，就立即致电本国外交部：

> 中国政府可能乐于将西藏问题交由美国仲裁，但是这样做将会实际上把英国的对华政策置于美国人的掌握之中。因为中国人自然会发觉，把这一做法应用于所有难题，对他们来说是方便的。而我们在仲裁产生解决办法之前，则会退居于一种无所作为的地位。……我敢说，在华的英国人不准备接受这样的做法，把照顾他们利益的责任委托给第三国。不管这个第三国多么友好。

英国外交大臣寇松则明确告诉中国驻英公使顾维钧："藏事为中英两国悬案，自应由中英商议解决，与华盛顿会议无涉。"顾维钧也只得告诉寇松，中国"并无在会提出藏案之意"，以慰其心。

此后，英国政府一直担心美国插手西藏问题，担心假如自己在鼓动西藏脱离中国的问题上做得过分，中国肯定将会得到美国的外交支持。英国政府还担心，在即将召开的巴黎和会或者华盛顿会议上，即使中国不提出西藏问题，美、日等国也可能会提出这一问题，提出在华机会均等、取消各国势力范围的要求。这必将给英国的西藏政策带来麻烦。然而，在屡次催逼中国政府与之重开关于西藏问题的谈判的同时，又唯恐“英国过于粗暴的举措，会在美国唤起亲中国的感情，……引发中国对英国商品的抵制，以及中国公众舆论的不良反应”。反复权衡之后，英国一面派查理斯·贝尔（Sir Charles Bell）赴拉萨面见十三世达赖喇嘛，挑拨西藏地方当局与中国政府的关系，一面赶在华盛顿会议召开之前，于 1921 年 8 月 26 日抛出了《寇松备忘录》，提出要将西藏视为“一个处于中国宗主权之下的自治邦”，扬言“英王陛下政府今后将以此为基础与西藏进行交往”，企图尽早按照英国的意愿把西藏的所谓“自治”地位确定下来，排除美国插手的可能性。显然，美国在中英之间有关西藏问题交涉中的影响在不断增加，其在坚持“门户开放政策”基础上帮助中国维护在藏权益的态度，已经引起了英国政府中像朱尔典那样一些人的疑忌。

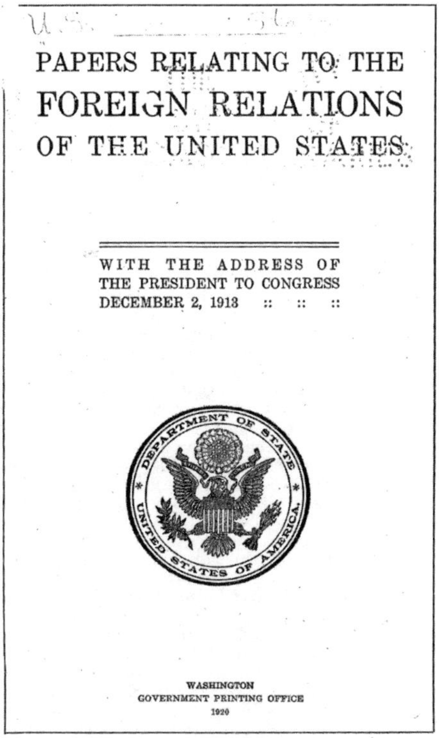
PAPERS RELATING TO THE
FOREIGN RELATIONS
OF THE UNITED STATES

WITH THE ADDRESS OF
THE PRESIDENT TO CONGRESS
DECEMBER 2, 1913

WASHINGTON
GOVERNMENT PRINTING OFFICE
1920

美国国务院编：《美国对外关系》1913 年卷扉页

在英国政府的反复催逼下，中国政府于 1921 年 9 月 10 日表示，一俟华盛顿会议结束，就将恢复有关西藏问题的谈判。英国

98 FOREIGN RELATIONS.

Republic, but Tibet has always been autonomous, as indeed is true also of Mongolia. The elections just held throughout the 22 provinces, in spite of the delays and deadlocks occurring in some, show that the people who really take any interest in the political situation mean to stand by the Republic. But even if it should prove true that a dictatorship or an empire is to succeed the present Government it would be no more than has happened in the case of other republics recognized by the United States, and there is nothing in the anticipation of such an event to encourage us to withhold from this struggling Republic a sympathetic recognition by the Mother of Republics.

Such a recognition would of itself do much to prevent a return to imperialism. The Chinese have an exaggerated idea of the importance of recognition by the western powers. They have been especially chagrined by the failure of the United States to recognize their new Government. They are confidently expecting that when the National Assembly meets and the President is elected the foreign powers will recognize the Republic.

I believe that our own should be the first government to do so. It will greatly strengthen the good feeling toward us already existing, and it may serve to prevent the making by other governments of such unjust conditions of recognition as have in some cases been proposed. Great Britain has stated that it will not recognize the Republic until China shall have entered into a new convention with it respecting Tibet. Others are suggesting other conditions—some the reorganization of the courts; some the abolition of likin; some the enlargement of foreign jurisdiction in the treaty ports.

I do not believe that any real advantage is to be gained by wounding Chinese pride and arousing the enmity of those with whom we must deal in the settlement of outstanding questions and in the promotion of American interests. There must be mutual respect, if international intercourse is to be of any value.

I have the honor to suggest that, while the cooperation of the great powers has resulted in much good to China, if a continuance of that policy requires us to withhold recognition of the Republic until all are agreed to recognize it, we may injure our interests and merely promote the aggressive designs of others.

I have [etc.]

E. T. WILLIAMS.

NOTE.—On March 24 the Department received a memorandum from the Japanese Embassy the first paragraph of which relates to the Chinese loan; the second paragraph concerns the recognition of the Republic; see pp. 173–174.

File No. 893.00/1571.

The Chinese Minister for Foreign Affairs to the Secretary of State.

[Telegram.]

FOREIGN OFFICE,
Peking, March 25, 1913.

Happy to learn of your assumption of the office of Secretary of State I beg to congratulate you heartily and assure you of my sin-

美国总统致电袁世凯承认中华民国。美国国务院编：《美国对外关系》1913年卷第98页

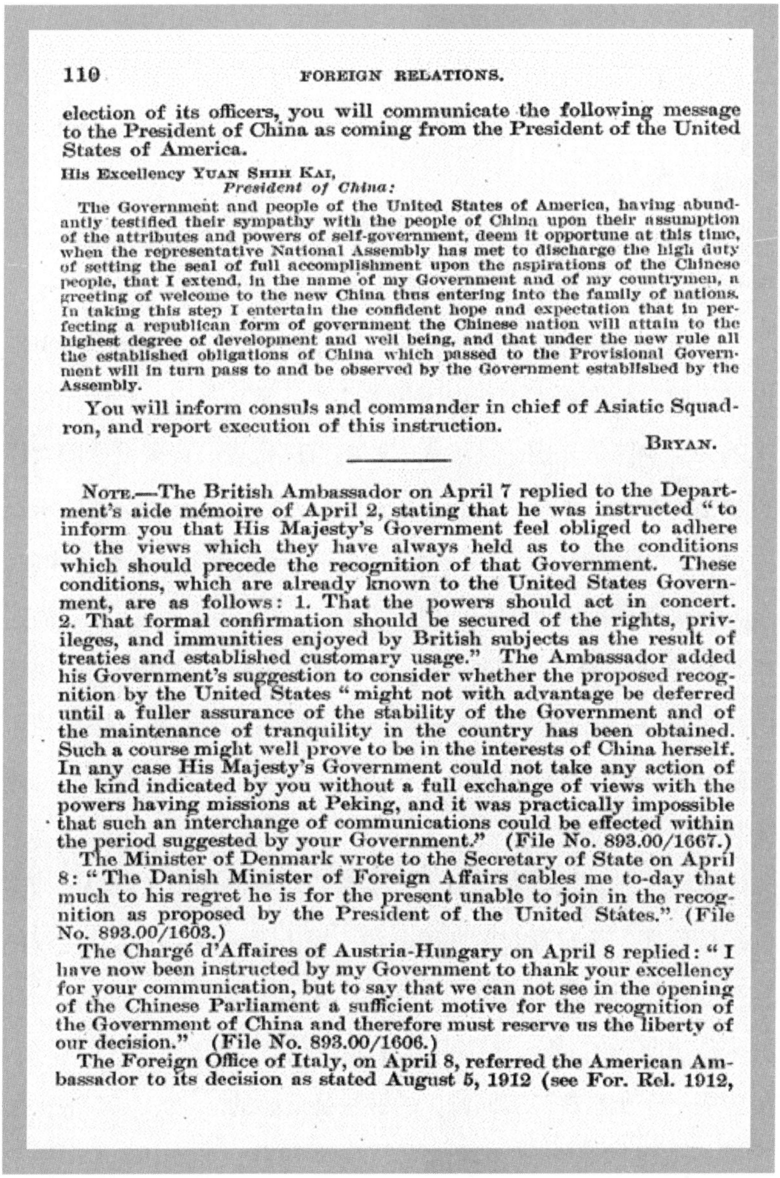

110 FOREIGN RELATIONS.

election of its officers, you will communicate the following message to the President of China as coming from the President of the United States of America.

His Excellency YUAN SHIH KAI,
President of China:

The Government and people of the United States of America, having abundantly testified their sympathy with the people of China upon their assumption of the attributes and powers of self-government, deem it opportune at this time, when the representative National Assembly has met to discharge the high duty of setting the seal of full accomplishment upon the aspirations of the Chinese people, that I extend, in the name of my Government and of my countrymen, a greeting of welcome to the new China thus entering into the family of nations. In taking this step I entertain the confident hope and expectation that in perfecting a republican form of government the Chinese nation will attain to the highest degree of development and well being, and that under the new rule all the established obligations of China which passed to the Provisional Government will in turn pass to and be observed by the Government established by the Assembly.

You will inform consuls and commander in chief of Asiatic Squadron, and report execution of this instruction.

BRYAN.

NOTE.—The British Ambassador on April 7 replied to the Department's aide mémoire of April 2, stating that he was instructed "to inform you that His Majesty's Government feel obliged to adhere to the views which they have always held as to the conditions which should precede the recognition of that Government. These conditions, which are already known to the United States Government, are as follows: 1. That the powers should act in concert. 2. That formal confirmation should be secured of the rights, privileges, and immunities enjoyed by British subjects as the result of treaties and established customary usage." The Ambassador added his Government's suggestion to consider whether the proposed recognition by the United States "might not with advantage be deferred until a fuller assurance of the stability of the Government and of the maintenance of tranquility in the country has been obtained. Such a course might well prove to be in the interests of China herself. In any case His Majesty's Government could not take any action of the kind indicated by you without a full exchange of views with the powers having missions at Peking, and it was practically impossible that such an interchange of communications could be effected within the period suggested by your Government." (File No. 893.00/1667.)

The Minister of Denmark wrote to the Secretary of State on April 8: "The Danish Minister of Foreign Affairs cables me to-day that much to his regret he is for the present unable to join in the recognition as proposed by the President of the United States." (File No. 893.00/1603.)

The Chargé d'Affaires of Austria-Hungary on April 8 replied: "I have now been instructed by my Government to thank your excellency for your communication, but to say that we can not see in the opening of the Chinese Parliament a sufficient motive for the recognition of the Government of China and therefore must reserve us the liberty of our decision." (File No. 893.00/1606.)

The Foreign Office of Italy, on April 8, referred the American Ambassador to its decision as stated August 5, 1912 (see For. Rel. 1912,

美国总统致电袁世凯承认中华民国。美国国务院编：《美国对外关系》1913年卷第110页政府则要求中国政府承诺，在华盛顿会议上不提出西藏问题。换言之，不让美国有机会插手西藏问题，而让西藏问题成为中英藏三方的事情。为此，英国力图在会上回避“何为中国”（What is China?）的问题。

华盛顿会议于1921年11月召开，中国代表团成员顾维钧还是提出了“何为中国”的问题。这令英方代表十分不满。1921年11月间，当与会的列强试图对“中国本部”（China proper）作出界定时，顾维钧表示，中国代表团不能承认与中华民国宪法不符的关于中国的界定。英国代表团的首席代表、英国枢密院大臣贝尔福（Arthur James Balfour）在其11月19日发回伦敦的电报中声称：“顾维钧今天上午的态度给与会代表留下了一个坏印象，令人怀疑他要把类似西藏的地位之类的问题拿到会议上来，而这是直接违背中国外交部长11月2日向英国驻华公使作出的保证的。”贝尔福建议伦敦向中国当局发出暗示，令其阻止顾维钧可能的行动。而这样做的目的之一，显然是要避免中国在西藏问题上得到美国的支持。

实际上，在华盛顿会议上，美国没有支持中国政府提出西藏的地位问题。会议通过的九国公约，提出要维护中国领土主权的完整，但是对于何为中国，也就是“What is China?”的问题，却并未作出明确的界定，更谈不上明确西藏是中国的一部分。然而，美国人对于英国在西藏问题上的做法是反感的。

一位美国学者已经注意到了这个问题。1923年，《中国的昨天和今天》（*China, Yesterday and Today*）一书问世。作者就是在辛亥革命爆发之前来到中国，曾经出任美国署理驻华公使

（American Charge d'Affairs at Peking, China）的卫理，后来他又出任美国国务院远东司的主任（Chief of the Division of Far Eastern Affairs, Department of State）。卫理自称《中国的昨天和今天》一书基于他长达三十五年间对于中国的了解。因此可以说，此书不仅有较高的学术价值，而且也具有一定的官方色彩。

该书开篇就提出了“何为中国”（What is China）的问题，并且从西藏开始，逐一讨论了外蒙古、满洲（未及新疆，可能因为新疆在清朝末年已经建省）和清朝过去的“藩属”，包括锡金、不丹、尼泊尔和缅甸等等。在论及西藏时，这位美国人显然认为西藏仍然是中国的一部分，并且对于英国政府在西藏的所作所为进行了批评和讥讽。

谈到辛亥革命之后西藏问题的发生，卫理是这样说的：

> 1912年，英国政府反对中国宪法中关于给予西藏代表在北京的国会中若干席位的规定，并且反对中国派遣一支小部队前往拉萨保护中国驻藏代表的计划。英国还警告中国，假如后者真的派出部队，英国就将不承认新的中华民国。
>
> 1913年，在英国的要求下，西姆拉会议召开，讨论英中藏三方的关系问题。
>
> 英国代表起草了一份条约，提出把西藏划分为两个部分——外藏与印度接壤，内藏则靠近中国。外藏在中国模糊的宗主权之下自治，而一旦在自治的西藏与中国之间发生问题，就要提交英国进行公正的调停。于是，

> 这一条约草案将把英国置于西藏的保护国的位置。人们可以饶有兴趣地回忆起，正是由于类似的安排，英国逐步控制了印度北部。锡金、尼泊尔和不丹这些当年中国的藩属，今天也处于英国的控制之下了。然而，中国在1913年（按应为1914年）拒绝在这份条约草案上签字；西藏愿意接受这一条约草案。这样，问题依旧悬而未决：中国在西藏有没有主权?

卫理提出了问题而没有正面回答，但是行文中对于英国的揶揄之意却是十分明显的。此后，卫理再度谈及“中华帝国”和它周边那些当年的属国：

> 在很长时期，中国是亚洲的支配力量。她的影响向西远达亚丁，那里的苏丹向中国朝贡。印度北部的尼泊尔、锡金和不丹都是她的属国。……今天，亚丁、锡兰、锡金、不丹、尼泊尔、马六甲和缅甸全都属于英帝国了。英国还在中国的香港建立了殖民地。泰国独立了。柬埔寨、交趾、安南……组成了法属印度支那。法国也在广东省的广州湾拥有一块租借地。……这样，那个庞大的中华帝国已经被逐渐地从周边吃掉了。

这里，卫理依旧没有谈及西藏——西藏在这位美国人眼中属于尚未被“吃掉”的部分。

从柔克义生活的时代开始，美国政府和民间一直处于不断了解中国西藏的过程中。尽管在很长时间内这种了解仍然是零碎的、不系统的，但是美国一直关注着西藏。据说，在美国第 27 任总统威廉·塔夫脱（William Howard Taft）的一个大厅内，就悬挂着巨大的拉萨及布达拉宫的全景图。

诚然，美国在西藏并无侨民、投资、工厂或商店，没有具体而直接的利益需要保护，也没有像英俄两国那样在西藏进行过多年激烈的争夺。但是，自 1899 年提出“门户开放”政策以来，美国在“利益均沾、机会均等”的幌子下，与其他列强一样在中国内地享有各种特权，就是柔克义和在他之后的史德文、麦戈文这些最早进入中国西藏或藏区的美国人，他们的活动也无不是在不平等条约规定的特权的保护下进行的。但是，美国从自身利益出发，反对其他列强在中国割占领土或划分势力范围的活动。在西藏问题上，从 20 世纪初美国政府开始对于西藏有所了解时起，其态度就是明确的，这就是：西藏是中国的一部分。这一态度，以后从未公开改变过。

原载《西藏民族学院学报》2016 年第 3 期

第 4 章

20 世纪初年在川西藏区活动的美国传教士史德文

史德文

史德文（Dr. Albert Shelton, 阿尔伯特·谢尔顿，1875—1922 年）出生于美国印第安纳州的印第安纳波利斯，5 岁时随全家移居堪萨斯城，定居在城外的一处农场内。他比他的同胞柔克义生活的时代稍晚，比后来担任美国驻华大使的司徒雷登（John Leighton Stuart）年长一岁。

1895 年，20 岁的史德文

兜里装着父母给他的 9.25 美元，离家前往堪萨斯的因波利亚（Emporia）求学。他在学校一边学习一边给其他学生做家教。他曾经应征入伍参加美西战争，但却并未经历实战。1899 年，在与他的大学同学弗洛拉·比尔（Flora Beal）结婚后，他获得了路易斯维尔医学院（Louisville Medical School）的奖学金，但却无力负担保证金和其他的费用。后来在他人的资助下，才得以进入医学院学医。学习期间，他萌生了毕业后当一名传教士的想法，向联合基督教传教团（United Christian Missionary Society）递交了申请，终于获准前往中国西部的藏区。1903 年 9 月，史德文夫妇开始了他们的长途旅行，历时 7 个月，从旧金山出发，渡过太平洋，经上海、南京、汉口、重庆、雅安，前往美国教会在中国西南最远端的位于康定（打箭炉）的传教点。这也大约正是在中国出生的年轻的传教士司徒雷登携妻返回中国的同一时间。途中，他生平第一次见到了长江上拉纤的纤夫如何像牲畜一样受到工头的鞭打。

“康”系藏文“Khams”的译音。汉语中通称“康区”，俗称喀木，当地的藏族人则称“康巴”。康区是一个比较宽泛的概念，其所指大致包括今天的西藏昌都市、四川甘孜藏族自治州、云南迪庆藏族自治州和青海玉树藏族自治州，与“安多”（Amdo，即青海省和甘肃省南部的藏区）接壤。作为康区主要部分的甘孜州地处四川西部，因而又有“川边”之称。1914 年设川边特别区，治康定县，辖境相当于今四川省甘孜藏族自治州和西藏昌都市。1928 年改为西康省，1939 年正式建制，其地主要即通常所说的康区。1950 年金沙江以西改设昌都地区。1955 年西康省撤销，金沙江以东划归四川省。1956 年昌都地区划归当时正在筹备建立的西藏自治区。

打箭炉和巴塘都是康区的经济文化重镇。打箭炉即今日四川省甘孜藏族自治州首府康定市，是一座位于川西藏族和汉族地区交界处的藏汉两族杂居的古城。20 世纪初，城中常住居民大约一半是藏族，一半是汉族。至于商旅，除了藏族和汉族之外，还有来自印度、不丹和尼泊尔的。来自西方的传教士们，早在 19 世纪中叶就已经在那里落脚了。

至迟在 20 世纪初，美国人的足迹已经到了那里。1904 年荣赫鹏率领英国侵略军发动第二次侵藏战争之际，就有一个名叫 E. 尼古拉的美国旅行家在打箭炉与巴塘之间活动了数月之久。有泰自北京赴拉萨接任驻藏大臣，在打箭炉还与这位美国人有过交往。辛亥革命之后，巴塘一地有 13 名美国基督教新教的传教士及其家属。在 20 世纪 20 年代活动于我国四川西部的藏族地区的那批美国传教士中，最为著名的就是史德文夫妇。除了传教士之外，很少其他美国人来这里。距离他们最近的美国政府的驻华机构，是设在重庆的美国领事馆。

史德文是一名外科医生。他在康定行医的四年里，应邀到各处的医院、诊所甚至患者家中为藏族人和汉族人看病，施行手术。1904 年，史德文夫妇的长女多里斯（Dorris）在康定出生；三年后，又添了一个女儿多萝西（Dorothy）。在此期间，史德文夫妇还收养了一对汉族孤儿——李国光和李国英（音译自 Lee Gway Gwong, Lee Gway Yen）兄弟。异国他乡的传教生涯并不容易。史德文夫妇也学着明朝末年来华传教的利玛窦（Matteo Ricci）习汉语着儒服的样子，穿上藏装，向一个名叫格桑旺堆（Gezong Ondu）的巴塘藏族人学习藏语文，同时也向当地汉族人学习汉语文。据说利玛窦曾经因不能改变自己眼睛的颜色和鼻子的高度、不能完全中国化感到遗憾。而史德文夫人也一度因为自己的蓝色眼睛吃了苦头。起初，当地人一见到她，就低下头躲着走开，一边口中还不断祷告。好长时间，史德文夫妇都不知道这究竟是为了什么。后来，还是格桑旺堆把实情告诉了他们。原来，当地人以前从没见过史德文夫人那样浅色的头发和奇怪的蓝色眼睛。他们认为蓝色的眼睛具有透视地下的力量，能够穿透地面，看到他们藏匿的财物，并可能偷走那些东西。当然，随着彼此了解的增加，这类担忧和误会后来逐渐消逝了。

在格桑旺堆的帮助下，史德文得到巴塘大喇嘛的允准，于

史德文

1908 年来到巴塘。到达巴塘后不久，史德文一家回国休假。在美国，史德文多次举办讲座，介绍中国藏区的情况。新泽西州的纽瓦克博物馆（Newark Museum）听说他的事迹后，交给他 2000 美元，请其代购藏族的各种器物。他后来搜集的数百件收藏品，包括藏传佛教的绘画、佛像、法器和藏族各种各样的日常生活用具，至今仍然保存在该博物馆中。

假期结束后，史德文一家重返巴塘，史德文依旧像当年那样行医。他的名声为越来越多的当地藏汉民众所知晓，他被人们叫做“大人”。据说他不喜欢这个称呼，但是当大家都这样叫时，他也就只好接受了。随着名望的提高，前来找他治病的患者日渐增加，于是史德文在 1909 年左右建立了一个诊所。从此他成为坐医，但是并未结束他的行医生涯。为了使远近的患者知道自己是否出门，他在诊所院内立起一桅旗杆，只要他在家，便升起美国国旗。史德文可能是最早在中国藏区升起美国国旗的人。

为了阻止天花的流行，史德文把疫苗介绍到巴塘。当需要大量的疫苗而他订购的疫苗不够用或不能及时到货时，他居然自己找了两头牛制造天花疫苗，并且每个批次都首先在自己身上试用。这是需要极大的勇气、冒极大的风险的，连他的夫人都非常担忧。但是他仍然坚持不辍。在康区生活期间，传教行医之余，史德文还花了不少工夫收集当地藏族社会的民歌民谚，了解当地的民风民俗。

1917—1918 年英国人台克满（Sir Eric Teichman，汉名赵锡孟）插手第一次川藏冲突期间，史德文正住在巴塘，并与川军首领刘赞廷过从甚密。1918 年 5 月，当台克满奔走于刘赞廷和噶伦喇嘛强巴丹达之间时，史德文还曾陪伴他从巴塘渡过金沙江前往西藏芒康。据史德文的长女多里斯回忆，那时巴塘的藏族人大多不会讲汉语，而汉族人也不会讲藏语。语言的障碍造成了许多误解和麻烦。当地的一个翻译，就利用这一机会，在藏汉双方军队之间挑拨离间，以保证自己能长期赚到当翻译的钱。直到有一天事情败露，翻译被处死后，史德文应邀出任藏汉双方的翻译。从此，这位美国传教士兼医生又与当地的藏汉官员有了更多交往。

作为一个传教士，史德文对藏族人友好。但是当地处于中国政府的行政管辖之下，像他那样的传教士要想在藏族人聚居的地方待下去，还得获得当地政府的允许和支持。史德文夫人对汉官在康区的统治颇多批评。然而她还是觉得，假如汉族人改善他们的做法，将能够为藏族人所接受。她曾经提道，至少她自己的经历表明，当地藏族人是尊敬赵尔丰的。这是因为赵尔丰尽管残暴，但却公正，同样严厉地惩处汉族人和藏族人中的恶棍。可以认为，她的观点大体上也反映了史德文的看法。当时，还有一个因素影响着史德文这样的传教士对汉族人的态度，那就是汉族人的帮助有助于使藏区的佛教徒们皈依基督教。

大约在 1919 年，史德文给达赖喇嘛写了一封信，请求允许他到拉萨开办一所医院。达赖喇嘛复信告诉他，如果不是考虑到英国人会从中作梗，自己并不反对他来。1922 年，史德文曾经试图西行进入西藏地方当局控制的地区，并最终前往拉萨，但不幸被当地的盗匪枪杀在巴塘附近。

史德文死后葬在巴塘，墓碑从上到下依次刻着英文、汉文和藏文。汉文为："史德文，大美國教醫士，光緒元年六月九號

史德文墓碑图片。肖雅敏提供

史德文墓碑残片（肖雅敏提供）

生，民國十一年二月十七號故。非以役人，乃役於人。”这一墓志铭的最后一句，语出《新约全书·约翰福音》第 8 章第 32 节，即墓碑英文“Not to be ministered unto, but to minister”当时汉语文言文的对译。今译为“你不应让人服事，而应服事人”。

作为一个在当地生活了多年的美国基督教新教传教士，史德文是那个时期川藏地区社会生活、汉藏关系以及种种事件的见证人。他在回国度假期间，曾经应邀在美国多次讲演，介绍中国藏区和藏族的情况。他创办的教会医院，成为今天巴塘县人民医院的前身。

值得提及的是，与史德文同时和在他之后，一直有美国基督教传教士在康区一带活动。巴塘另有一所传教士开办的教会学校。1930 年奉南京政府令进藏面见十三世达赖喇嘛的刘曼卿女士，其妹夫格桑泽仁就曾经在那所学校读书。1935年的时候,住在巴塘的一个名叫邓昆(Duncan)的美国传教士还到过大金一白利(Dargye-Beri)地区。总之,从史德文开始,美国传教士在四川藏区的活动一直持续了很长时间。

在甘南藏区,也有若干美国传教士多年从事活动,其中以美国宣教会(Christian and Missionary Alliance)在拉卜楞地区传教的时间最长,人数最多。比较著名的有罗伯特·埃克瓦尔(Robert B. Ekvall)一家、马尔科姆·索耶夫妇(Malcolm Sawyers)等。传教之外,他们当中有的人的所作所为显然与其身份不甚相符,特别是在20世纪40年代末50年代初之际。例如,拉卜楞寺所在的甘肃夏河县,当时就有两座教堂,皆为美国传教士所建,分别属于天主教和基督教新教。一位在当地传教多年的吉牧师,就曾在国民党政权撤离大陆前告诉拉卜楞寺的第六世贡唐仓活佛久美·丹贝旺旭,称共产党、解放军的到来是对宗教的极大灾难,“寺庙经堂要被烧毁,宗教人士都要……遭到屠杀”,劝其往美国避难,但是为贡唐仓活佛所谢绝。

史德文是美国基督教新教的传教士。当时的美国人自己也并不讳言传教士来华活动的商业目的。一位在19世纪下半叶常驻中国的美国传教士、日后出任美国驻华公使的查尔斯·田贝(Charles Denby)就曾说过:

> 传教士是打开贸易商业渠道的先行者。……想想吧,如果每一个中国人都穿上一件衬衣,那棉纺行业将会怎样!对了,传教士们正在教他们穿衬衣。

这些美国传教士与西方各国的传教士一样，都是在不平等条约的保护下来华传教，试图使中国“福音化”的，其中许多人进行的是文化侵略、干涉中国内政和地方事务的活动。但是具体到每一个传教士，情况又不尽相同。由于种种原因，史德文在康区传教活动的影响远远不及他的行医活动。他墓碑上的英、汉、藏三种文字则表明，他十分清楚巴塘长期以来是藏汉两族人民聚居的地区，处于中国政府的行政管辖和藏传佛教的文化影响之下。而这种三种文字的墓碑，又是那一时期死后葬在当地的传教士墓碑的通用形式。由此可见，他所了解的情况，也是那时与他同在康区传教的美国传教士们的共识。

从现有材料来看，史德文在川西藏区为了传教行医多年，基本上尊重那里人民的风俗习惯，为当地藏汉族百姓医病疗伤，和他们友好相处，结下了友谊，也受到他们的尊敬和信任。他参与调解当地的汉藏冲突，虽有干预地方事务之嫌，但在当时的历史条件下，还是做了一些有益的事。而他回国度假期间向美国各界介绍藏区的情况，也增进了美国各界对于中国藏区和生活在当地的藏汉等族人民的了解。

史德文著《筚路蓝缕在藏乡》一书封面

史德文著有《筚路蓝缕在藏乡》（*Pioneering in Tibet*）一书，他遇害后得以出版。他的遗孀带着两个女儿回到了美国。后来，史德文夫妇的长女多里斯又写了《超越风中的魔鬼》(*Beyond the Devils in the Wind*)，追忆乃父在中国藏区的传奇经历和自己青少年时期一家人的异国他乡生活。书中不仅记述了史德文的传教和行医活动，也兼及当时当地社会生活的方方面面，配以黑白照片，具有珍贵的史料价值。遗憾的是，作者在其晚年出版《超越风中的魔鬼》一书时，冷战虽然终结在即，弥漫于西方社会的对于中国的偏见却正甚嚣尘上。她在书末居然公开鼓动国外藏族人“不要相信汉人”。这位生在中国藏区、在巴塘度过了自己的童年和少年时代的美国基督徒，大约是忘记了自己在书中的回忆——她曾经受到淳朴善良的藏汉两族乡亲的多年关爱和照拂。她的父亲史德文是一位虔诚的基督教徒，以在人间传播上帝的爱为其一生之职志，倘若在天堂有灵，闻听其女放言挑拨汉藏关系，情何以堪！

原载《中国西藏》2018 年第 3 期

第 5 章

第一个闯入拉萨的美国人——麦戈文

1923 年，一个名叫麦戈文的美国人隐瞒身份，先是成功地骗过英属印度政府越过边境，而后躲过西藏地方当局的一路阻拦，成为闯入拉萨的第一个美国人。

威廉·蒙哥马利·麦戈文（William Montgomery McGovern）1897 年 9 月 28 日出生于美国纽约，1964 年 12 月 12 日在伊利诺伊州的埃文斯顿死于心脏病。他一生的大部分时间是在东方度过的。20 岁那年，他结束了在日本京都西本愿寺的研习，获得了佛教的某种荣誉称号。两年之后，他获得牛津大学基督教堂学院的博士学位，来到英国伦敦大学东方学院（School of Oriental Studies, London University）任教，讲授汉语和日语，并成为英国佛教团（British Buddhist Mission）的成员。1922 年 8 月，麦戈

麦戈文

文曾经和其他几个欧洲人一起，获得英属印度政府批准，从大吉岭出发前往 150 英里之外的西藏江孜。因为继续前往拉萨的申请被驳回，他们后来返回了大吉岭。这一次短途的西藏之行，实际上成为他乔装赴拉萨的预习。随后，麦戈文隐匿行踪，装扮成一名锡金人，后来又扮成脚夫，于 1923 年 1 月 10 日再度离开大吉岭，月底穿过藏锡边境，同年 2 月 15 日晚潜入拉萨。

那时，正是西方人渴望了解整个世界，并把任何一个未知的角落标注在其地图上的时代。举凡探险未知世界生还的西方人，都会被全社会视作英雄而名声大噪，传教、科学考察和殖民扩张活动随之就有了新的目标。西藏的封闭政策，恰恰激起了探险家的好奇心和兴趣。这正是麦戈文乔装赴拉萨的时代背景。

此番探险，麦戈文最为担心的，就是在途中被认出自己西方人的真面目，受到阻拦而不能如愿到达拉萨。为掩人耳目，他做足了充分的准备。他基本上学会了藏语文，并让自己锡金口音的藏话流利到可以连续聊上几个小时。他想方设法乔装打扮，在离开锡金进入藏境之前用胡桃树汁和碘酊的混合液把自己全身的皮肤涂染成褐色，染了发，还用柠檬水把自己蓝色的眼珠染黑。他让自己为进藏雇佣的锡金脚夫扮作主人，而自己充任脚夫上路。为了避开行旅和西藏地方当局的注意，他们一行能不走大路，就不走大路；能够住在小的居民点甚或荒郊野外，就绕过大的村镇。为了躲过一路上的盘查，他还选择了在一年中不适于旅行的季节——寒冷的冬季翻越喜马拉雅山，开始他的西藏拉萨探险之旅。这使得本来就需要艰难跋涉的进藏之路更加困难重重，险象环生。他们一行 5 人数次遭遇暴风雪的袭击，有时不得不原路返回暂避一时。途中不仅担惊受怕，还常常饥寒交迫。一次麦戈文掉进结冰的河水中，几乎丧命。冻饿之后，他还得了肺炎和痢疾，但总算在已经精疲但尚未力尽之际，抱病到了拉萨。一路上虽不能说是九死一生，却也是风餐露宿，提心吊胆，历尽艰辛。

麦戈文很幸运，恰逢 1923 年的藏历年除夕到了拉萨；但是他也算背运，传大召期间的拉萨人满为患，根本找不到住处。他叫随从采取硬闯的办法，总算住进了一个政府官员的府邸。结果却是把自己送进了虎口——府邸的主人索南，竟然正是听说有一个西方人试图悄悄进藏，而一再向沿途发布命令严加盘查并予阻止的西藏地方政府官员。麦戈文反复掂量，与其日后被索南查出实情，莫如自己采取主动，实话实说。当麦戈文自我暴露，坦白交代自己的身份之后，索南连惊带吓足足愣了几分钟，而后却不仅让他在自己家中住了下来，避开了种种危险，还让他最终见到了十三世达赖喇嘛。

原来，索南的哥哥就是当时拉萨大名鼎鼎的擦绒。擦绒原名达桑占东，因为 1904 年和 1910 年达赖喇嘛两次逃离拉萨，他都立下保护之功，辛亥革命后又为达赖喇嘛返回拉萨尽心竭力，而成为达赖喇嘛的宠臣，出任噶伦和藏军首领。当索南把麦戈文到了拉萨并住进了自己家的消息悄悄告诉达赖喇嘛之后，达赖喇嘛要擦绒先与麦戈文晤谈一次，进一步了解情况。在擦绒的家中，两人密谈至半夜。擦绒告诉他，既要向当局从实招来，听候处置，又不要在街头露面，以免闹出乱子，还答应会暗中帮助他。

麦戈文在拉萨的出现，给噶厦添了不少乱。自我暴露后数日，他被召至大昭寺内的噶厦公所。伦钦（首席噶伦）说：噶厦简直不知道应当如何处置他。自己弄不明白，麦戈文为什么要历尽艰辛到拉萨来。麦戈文断定，若要向他解释一次充满挑战的探险会带来多么大的乐趣，他一定无法理解；若要同他谈论人类学，他会觉得自己精神不正常。麦戈文只好撒谎说，自己是为了学习佛教知识，汲取佛教的智慧，才不辞辛苦前来拉萨的。为了确认麦戈文没有说谎，伦钦找出一段经文测验麦戈文。佛学是麦戈文的专业，那一段经文恰巧他又熟稔于心。于是麦戈文旁征博引，不断引用伦钦并不懂的汉文和梵文的佛经加以阐释，反倒把伦钦弄得如坠云里雾里，颇为尴尬。

对麦戈文来说，以他的身份能够在拉萨见到达赖喇嘛，实在是幸运。达赖喇嘛对于与麦戈文见面非常谨慎，生怕惹出什么事端来。但是自己的好奇心已经被激起，于是安排了一次秘密的会见。此事安排得如此隐秘，以至连索南和麦戈文的仆人都不知道。一天晚上，一个使者表示要请麦戈文到噶厦去，但却悄悄把他带进了布达拉宫。麦戈文也不知是从哪条路被引入了红宫顶上的一个房间。进去时，达赖喇嘛已经在等他了。据麦戈文称，达赖喇嘛十分害怕他们的见面会传出去引起麻烦。他要求麦戈文对于这次与他的见面守口如瓶。后来，当麻烦果然出现之后，达赖喇嘛否认自己曾经见过麦戈文，并且迫使麦戈文也这样做。麦戈文也算恪守诺言，在其游记中，除了用一小段文字谈及他与这位“西藏之神”进行了一般的谈话之外，没有披露他们大约一个小时谈话的任何内容。而后来有人又据此认为，麦戈文并未真的见到达赖喇嘛，而是在吹牛。

会见次日，消息传出，果然引发了一场风波。从早晨开始，麦戈文就发现有不少人聚集在他住房的窗下。此后，人越聚越多。到了下午，形成一场骚乱。开始时，有人叫喊要他出来，有人叫喊“处死外国人”。接着，人群中有人扔石头。麦戈文住在二层，几块窗户的玻璃被打碎——那时的拉萨，只有少数贵族家中才安得起从印度远道运来的价格昂贵的窗玻璃。人群试图冲进大门，但未能成功。由于拉萨的藏式房屋多由石块和土坯建成，纵火也并不容易。然而，麦戈文还是觉得情况很危险。他清楚，拉萨很少有人知道他的长相，于是化装从后门离开了住处，并置身于包围他住处的激愤的人群当中。他甚至混在人群中喊叫，还不时捡起石头向自己住处的窗户上扔。天黑后，人群渐渐散去。次日，噶厦派了藏军在其门前放哨。虽然还有人来围观，然而由于知道麦戈文受到当局保护，再也没有发生什么意外。

在艰苦的旅途中和逗留拉萨期间，麦戈文一直认真地记日记。1923 年 3 月 24 日，麦戈文被噶厦遣送离境返回印度。他在完成了这次探险之旅后次年出版的游记《乔装进拉萨》（*To Lhasa in Disguise*）一书中，记述了自己此行和在拉萨一个多月的经历。

在拉萨期间，他接触到了当时西藏社会的上层并了解了噶厦政府的运作模式。他发现噶厦是西藏最高的政府机构。藏族人并不懂得区分政府的行政和司法职能，每个地方行政长官同时就是其辖区之内的法官。噶厦的四名噶伦除星期六之外每天都要在一起开会，而每个星期四则是他们向达赖喇嘛报告政务的日子。届时达赖喇嘛要过问一周来发生的所有大事，并且作出决策。噶厦完全根据达赖喇嘛的决策处理公务；而达赖喇嘛在作决策时则备加小心，避免作出任何他认为可能招致大多数僧俗官员反对的决定。麦戈文认为“春都”是一个重要的咨询机构。他发现，实际上有大小两个“春都”：大春都由所有寺院的代表组成，但是除非遇到极为重要的大事，从不在一起开会；小春都才是真正的常设机构，由拉萨三大寺、四大林的代表和最大的几家贵族组成，其成员全部是拉萨人。麦戈文认为西藏地方政府的一个弱点就是，大小政务的处理，全然由拉萨的僧俗贵族把持。不仅农民或农奴不能参政，就是西藏其他地方的僧俗贵族，也没有发言权。基本上由僧人组成的春都是一个极为保守和反动的机构。它的既定政策就是阻碍达赖喇嘛和擦绒噶伦的改革努力。

作为一名探险家和人类学家，他的观察是细致的，笔触也幽默风趣。举凡途中官员上任、香客朝佛、村民迎亲、商贾贩货等等所见所闻，皆收入其游记之中。比如，他发现一路上从未见过不论是农民还是牧民吃糖。他称藏族为一个不知甜味的民族。但是不吃糖有不吃糖的好处——他见过的每个当地人都并不刷牙，却有一口洁白的牙齿。当然，在拉萨他还是见到了糖，并得以在长途跋涉之后一饱口福。据其记载，一小袋糖的价格比一只鸡还要贵。到了拉萨，他终于有机会洗澡，然而不仅因此而受到房东和从人的嘲笑，还为不守当地习俗遭了报应——当着长时间不洗澡满身污垢时，觉不出虱子的叮咬；而一旦洗了澡，他便真切地感受到了在一场“一比一百万的战争”中的失败。一路进藏，备尝艰辛，麦戈文发现，所谓的道路几乎就只是平原上人和动物留下的足迹，通常是来往西藏各地商队的骡马和牦牛走过所留下的。他慨叹，西藏地方官员做梦也不会为修建道路花一分钱。这些麦戈文的亲身经历，不过是近百年前的真人真事。西藏在一个世纪中的变化之大，由此亦可见一斑。

但是谈及历史，尤其是汉藏两个民族历史上的关系以及西藏地方与中央政府之间的关系，这位年轻的探险家、人类学家的知识储备就显然不足了。他知道 1904 年荣赫鹏侵藏，是当时英俄两国在中亚“大争夺（Great game）”的结果，也知道英国此次侵藏后强索的赔款，是由清朝政府支付的。但是他却不知道荣赫鹏逼签的那个“和平协议”，后来只是由于作为中英两国谈判“西藏问题”而达成的1906年条约的附件，才没变成一张废纸。至于说到1911年辛亥革命之后西藏就宣布了“完全独立”，更是拿不出证据的无稽之谈。

事实表明，麦戈文这次乔装进入拉萨，不具任何官方色彩，纯然是其个人的探险行为。在一些著作中，他甚至被认为是英国人。但是他毕竟是第一位闯入拉萨的美国人，而且还成了在拉萨见到十三世达赖喇嘛的唯一一个美国人。

值得注意的是，麦戈文此举惹恼了英属印度政府。在英印政府看来，麦戈文最恶的“罪过”，就在于他披露了一个事实——在拉萨上层中，有一股亲汉人的力量。英国人对此一直是讳莫如

班禅出行

深的。1924年麦戈文的《乔装赴拉萨》公开刊行后，有人即在英国皇家地理学会的会刊上诋毁其游记的价值，并且抨击他“损害了（我们）与西藏之间的关系”。依据规定，对于麦戈文擅自越过江孜的行为应当课以罚款，但是英属印度政府最后决定息事宁人，因为如果惩处麦戈文，只会提高他的知名度。而西藏地方当局得知麦戈文最终并未受到任何处罚后，又误以为他此行得到了英印政府的支持。有人甚至误以为他就是英国人。

实际上，在麦戈文之后的大约二十年间，英属印度政府对于任何前来西藏，特别是试图进入拉萨的美国人，都是不欢迎并且尽量不予协助的。英国人在事实上控制着经由印度进入西藏的通路。不仅西方人，就是中国内地的商贾甚或官员进藏，也往往要取道印度。但是在表面上，英印政府却把是否允准外人进藏的“权力”交给西藏地方当局，要求试图进藏的外国人向拉萨直接提出申请。因为西藏根本没有对于外部世界开放的外事机构，这对于一般西方人来说几乎就是无法做到的。而对于西藏地方当局来说，由于真正的控制权操在英国人手中，他们对于邀请外人进藏也是顾虑重重。当年史德文前来拉萨的请求之所以被达赖喇嘛婉拒，这也是原因之一。更何况在大多数情况下，拉萨僧俗上层中的大多数人也希望尽量使西藏处于与世隔绝的封闭状态。于是，在很长时间，得以进藏并造访拉萨的西方人屈指可数。在麦戈文潜入拉萨之后将近二十年的时间里，只有隋丹·卡廷夫妇和伯纳德这三个美国人得以步其后尘进入拉萨。

英印政府之所以不准外人进藏，甚至不让依据当时的不平等条约驻扎在江孜的官员前往拉萨，表面上似乎是出于恪尽条约义务，实际上却有着更为深刻的原因和历史背景。麦戈文乔装入拉萨的 1923 年，正值第一次世界大战结束后不久。当年英俄之间的“大争夺”已经终结，昔日在全球进行殖民侵略的大英帝国已经丧失了领土扩张的能力，开始走下坡路。而美利坚合众国的影响和势力在全球范围内排挤取代大英帝国的历史进程已然开始。麦戈文这样一个美国人在拉萨的出现，或许刚好可以被视为上述历史进程波及亚洲内陆的一个标志性事件。

原载《中国西藏》2017 年第 3 期

第 6 章

第一位应邀访问拉萨的美国人——隋丹·卡廷

20 世纪 20 年代以后的一段时间，由于川藏冲突，从中国内地前往西藏的道路上行旅稀疏。英国凭借英属印度与中国西藏接壤的便利，实际上控制着进藏的孔道。英属印度政府为了保证自己在西藏的既得利益，含而不露地执行着一项尽量避免西藏与外界接触、阻止西方列强的影响进入西藏的政策。由于美国在西藏问题上长期与英国有矛盾，美国人若想进藏，就显得更加困难。除了史德文等少数几个传教士和私自乔装潜入拉萨的麦戈文之外，整个 20 年代几乎没有其他美国的探险家、旅行家进入西藏和四省藏区。

隋丹·卡廷入藏路线示意图

隋丹·卡廷的入藏，不仅使得闯入西藏的西方人的名单中又多了一位美国人的名字，而且，他实际上还是第一位应邀访问拉萨的美国人。隋丹·卡廷（Suydam Cutting，1889—1972 年）是一位德裔美国博物学家。他最初接触藏区是在 1928 年。那一年，他陪同美国前总统西奥多·罗斯福的长子小西奥多·罗斯福和次子克米特·罗斯福（Theodore & Kermit Roosevelt）组成一支探险队来到中国西部，到达四川的宝兴县、越西县等藏族和彝族地区，目的是捕猎大熊猫。在凉山，他们终于发现了一只成年雌性大熊猫。但因这只大熊猫的体形庞大、凶猛敏捷，罗斯福兄弟不得不放弃了活体捕捉的计划，选择了射杀大熊猫。“我们同时对渐行渐远的熊猫背影开了枪，两枪都准确命中。熊猫应声倒地，但很快又爬起来，跑进了茂密的丛林中。但我们知道，它已经逃不出我们的手掌心。”罗斯福兄弟和隋丹·卡廷首开了美国人猎杀中国大熊猫的先例。

1930 年，隋丹·卡廷获准经由印度进藏，从岗巴宗一直到了江孜，通过康巴商人邦达养壁与西藏地方政府的官员建立了联系，并且开始与十三世达赖喇嘛通信，互赠礼品。他们的这种联系一直持续到达赖喇嘛圆寂。此后，隋丹·卡廷继续与西藏地方当局和摄政热振保持联系，并终于在 1935 年获准前往西藏江孜和拉萨。1937 年，隋丹·卡廷再次得到邀请，偕其夫人海伦·卡廷一同访问了拉萨，他们夫妇也成为第一对应邀访问拉萨的美国人夫妇。他的《火牛年与其他年》（*The Fire Ox and Other Years*）一书中的部分章节，主要记述了他第三次偕夫人访问拉萨的经历。

早在访问江孜之后，隋丹·卡廷就开始给达赖喇嘛写信送礼。

隋丹 · 卡廷所著《火牛年与其他年》书中插图

为了让达赖喇嘛知道他是一个有身份的美国人，并且他的进藏申请也得到了英属印度政府的支持，他想方设法用印度总督或印军司令的公务信笺而不是宾馆的信笺给达赖喇嘛写信。

对于隋丹·卡廷来说，他想去西藏，最重要的原因就是西藏太难去了。正是由于西藏是这个世界上最难去的地方，它长期以来就对西方世界具有极大的吸引力。但是直到20世纪30年代初，只有为数不多的西方的白种人到过西藏。隋丹·卡廷知道，进藏需要获得拉萨的许可。他声称，自己去西藏并无不可告人的目的，只是为了了解那里的牧民、农民和统治阶级，获取一些被称作喇嘛教的那个奇特的佛教支派的知识，看看那里的艺术和手工艺品，搜集一些动、植物标本，最后，一睹达赖喇嘛的容颜。

隋丹·卡廷是继柔克义之后又一个与十三世达赖喇嘛保持过通信联系的美国人，但是隋丹·卡廷却不懂藏文。据他回忆，达赖喇嘛给他的复信写在西藏生产的精美藏纸上，而且总是伴有仁岗的英文译文。仁岗曾经是西藏最初前往英国拉格比（Rugby）学习的4个贵族子弟之一，当时是达赖喇嘛的秘书。藏文原信和英文译文都会注明“拉萨，罗布林卡”和相应的藏历、公历日期。达赖喇嘛给隋丹·卡廷的信的开头往往很随便。一封1931年7月19日给隋丹·卡廷的信这样写道：

你送给我的一对达尔马提亚狗和一对德国猎犬，连同简明的饲养手册，由普占堆（Pu Damdul）在甘托克交给了邦达养壁（西藏商人）。邦达派专人一路悉心照料送来。四只狗都收到了，不幸的是，其中两只相继死了。

达赖喇嘛曾经要求隋丹·卡廷充当自己在美国的代表。在1931年12月25日的一封信中，达赖喇嘛告诉他：

> 为了改善西藏的经济状况，我们需要大量的银锭。迄今为止，我们一直从英属印度购买银锭。但是近年来，印度对于出口银锭的关税大幅度上涨，从而使得我们购买银锭更加困难。不知有没有可能请求美国政府在此事上帮助我们，直接提供我们所需的银锭？假如你能给我一些建议，我将非常感谢。再有涉及西藏利益并需要请求美国帮助和同情的其他事情，我会告诉你。

隋丹·卡廷接信后，明知此事办不成，但是为了不使达赖喇嘛过于失望，还是到华盛顿与有关官员接洽，并复信告诉达赖喇嘛，已经把他的要求上达美国政府。在华盛顿，隋丹·卡廷还为达赖喇嘛弄到一张胡佛总统（President Herbert Hoover，美国第31任总统，1929—1933年在任）亲笔签名的照片并寄给他。这一次，又使用了印有美国国会台头的办公用纸。

次年，达赖喇嘛又请隋丹·卡廷在美国为西藏的羊毛寻找买主。当时西藏的羊毛生意是由藏族商号邦达仓家族垄断的，几乎全部出售给印度。印度一直坚持只付给西藏卢比，而且把羊毛的价格压得很低，使西藏蒙受损失。1948年孜本夏格巴率领的西藏商务代表团在隋丹·卡廷的协助下访美，途经印度时，要求印度改变购买西藏羊毛一律支付卢比的做法，后来又向美国提出购买黄金的要求，也与羊毛贸易有关。

至少在达赖喇嘛心目中，隋丹・卡廷成了拉萨和华盛顿之间不必付酬的中间人。据隋丹・卡廷的回忆，达赖喇嘛对于给他复信很是在意，有一次复信稍晚，还专门向他说明原因，并希望他不要因此而耽搁今后给自己及时写信。他们之间继续不断地交换礼品。隋丹・卡廷给达赖喇嘛寄过关于美国建筑的书籍、一把有折叠篷伞的椅子、一块金表等等。达赖喇嘛曾经送给他三对拉萨犬。隋丹・卡廷希望在长期的耐心等待之后，达赖喇嘛终会邀请他去拉萨。他往往把自己的行踪告诉达赖喇嘛，而对方的复信却不免令其失望。一次，达赖喇嘛复信说："欣悉你将在仰光逗留一周，归途中会在德里盘桓数日"，但却并没有要他前来拉萨一晤的意思。在两年多的通信联系、交换礼品之后，双方却始终缘悭一面。

隋丹・卡廷知道，需要耐心等待。他不断地与达赖喇嘛通信，而仁岗后来则告诉他，他是唯一与达赖喇嘛保持经常联系的西方人。隋丹・卡廷对于终有一天将会得到邀请满怀期待，直到 1933 年，也就是他的中学同学富兰克林・罗斯福当选美国总统那一年的圣诞节当天，一封电报送到他手上。那是贡培啦发给他的唁电：

达赖喇嘛尊者在短期患病后，不幸已于 17 日辞别现世。迟电为歉。政府执事如常。阁下与尊者常年保持通讯，切盼值此不幸降临之际，继续得到阁下的友谊。

贡培啦 （达赖喇嘛）私人助理

达赖喇嘛病逝了，自己还会有希望一睹拉萨的面貌吗？隋丹·卡廷没有把握。但是他知道，必须与噶厦，尤其是摄政保持联系。在新的达赖喇嘛成年之前，摄政说了算。他复电噶厦志哀、道谢，并附上新年祝福。数年来，他一直向达赖喇嘛祝贺新年。

1934 年年初，误以为达赖喇嘛的转世灵童已经被认定，他和前总统的儿子克米特联名请国务院以某种方式向新的达赖喇嘛致意，但是副国务卿威廉·菲力蒲斯（William Phillips）却期期以为不可：

> 出于以下几方面的考虑，我倾向于认为最好不要给达赖喇嘛寄信，而你们的个人交往也很难获益。……达赖喇嘛至少在理论上处于中国的主权管辖之下，你们的行动不无可能会在中国引起误解误判；英国在西藏事务上持有独特的立场；苏联政府对于在西藏发生的任何事情都满腹狐疑；至于日本人，他们可能会声称，与这样一位中国声称受其主权管辖的公职人员（Functionary）的直接交往，同（美国政府）不承认满洲国的溥仪的态度不相吻合（按指美国不承认满洲国独立，故不与溥仪直接交往；不承认西藏独立，却与达赖喇嘛直接联系）。还有一位班禅喇嘛，我们相信，正在为现任达赖喇嘛的甄选而奔走努力，他也会抱怨（我们）干涉西藏政治。我得承认我还能提出更多“可能”以支持我的观点。但是坦率地说，我看不出给这个襁褓中的婴儿写一封个人信件有何益处。

结果，副国务卿的意见占了上风。

与此大约同时，隋丹·卡廷和他的美国同胞小西奥多·罗斯福、克米特·罗斯福重提进藏申请。今天，在英国图书馆的东方与印度事务部资料档案馆（Oriental and India Office Collections, the British Library）中，保存有小西奥多 1935 年年初为此事与印度总督弗里曼·弗里曼—托马斯伯爵（The Earl of Willingdon）的通信：

尊敬的阁下：

当我们和你一起在西姆拉相聚时，我曾与你谈起我的弟弟克米特、隋丹·卡廷和我进藏旅行的计划。……我们希望从锡金北部进藏，沿着通往拉萨的常规商道前行，抵达江孜后东行前往雅鲁藏布江大拐弯处。在那里，江水向南穿过喜马拉雅山进入阿萨姆。这一地域鲜为人知，那里的哺乳动物也从未有人捕获或识别。

此行纯为自然科学考察。我们想收集那里的一些稀有动物。在见到最终目标之前，我们不会开枪射击。我们不会在任何喇嘛寺附近杀生，并且会格外小心避免冒犯僧众。

隋丹·卡廷与拉萨保持联系多年，已被指定为藏族人在美国的代表。他不时地与达赖喇嘛通信并馈赠各种礼物。……到目前为止，我们当然可以得到我们国务院最友好的合作和帮助。

如蒙阁下在此事上惠予帮助，我们均将感激不尽。

隋丹·卡廷在西藏（右一）

2月初，印度总督亲自复信，答应帮忙，同时建议隋丹·卡廷利用自己在拉萨的影响直接写信。然而，西藏地方当局不许杀生，只同意隋丹·卡廷和他的同伴阿瑟·佛内（Arthur Vernay）访问日喀则。他们企盼从那里再争取前往拉萨，后来还是失望地返回了加尔各答。但是返回不久却又意外地收到了访问拉萨的邀请。当年达赖喇嘛在世时，隋丹·卡廷朝思夜盼望眼欲穿没有等来的这份邀请，如今忽然得来全不费工夫了。1937 年 8 月，他和夫人一起应邀到了拉萨。这一年正是藏历的火牛年。隋丹·卡廷在《火牛年与其他年》中谈及他在旅途中的所见所闻：

> 我们曾途经为数不少的被遗弃的村庄，有的已经成了废墟。不丹人的进攻和瘟疫是造成这一切的原因。瘟疫并不少见，在 1925 年，拉萨损失了 25000 人，均死于天花。人口稀疏是这片广袤高原的最突出的特征之一。在一片面积比法国、意大利、瑞士、荷兰和比利时加在一起还要大的土地上，人口仅为四百万！几乎仅仅相当于芝加哥一地的人口。

隋丹·卡廷应邀到拉萨之际，正值卢沟桥事件之后中国内地全面抗战爆发之时。《火牛年与其他年》也记述了隋丹·卡廷所了解的西藏地方当局对抗日战争的态度：

> 据我搜集到的信息，西藏地方政府对战争的爆发并非一点也不高兴。藏区东部边境发生过汉藏冲突。现在，他们在东部战场脱不开身，看来就无暇顾及西部的汉藏边境。然而，……藏族人和汉人关系密切。（西藏地方）政府还是希望，汉人在受到适当的惩戒后，会赢得最终的胜利。

所有这些亲历亲闻，均不失为研究近现代西藏的宝贵史料。

隋丹·卡廷不具官方身份，也并无柔克义那样的学术或政治成就。他访问拉萨，接受的是摄政热振和噶厦对其个人发出的邀请。他与产生了两任美国总统的罗斯福家族的密切联系，他与十三世达赖喇嘛的私人交往，终于促成这位美国人前往拉萨的梦想成真，也让他成为第一位应邀访问拉萨的美国人。

原载《中国西藏》2017年第4期

第 7 章

自封的“白人喇嘛”——西奥斯·伯纳德

就在隋丹·卡廷最后一次进藏的同时，另一位美国人、28 岁的西奥斯·伯纳德（Theos Bernard，1909—1947 年）于 1937 年 6 月下旬到达拉萨。他首先获得英属印度政府的许可，从印度一侧越过边境到达西藏江孜，再从那里获得西藏地方当局的许可，沿着商道抵达拉萨。伯纳德本来获准在拉萨进行为期 3 周的访问，但却一直住到 9 月 15 日，在拉萨逗留了将近 3 个月。在此期间中国爆发的全面抗日战争，使得伯纳德的拉萨之行有了更为不同寻常的背景。

尽管仍然并无官方色彩，其入藏之前几乎无人知晓，但是在

西奥斯·伯纳德站立在大昭寺酥油灯前（图片来自网络）

西奥斯·伯纳德在一次法会上成为一名喇嘛

回到印度之后，伯纳德的拉萨之行还是引起了人们一定的关注。特别是在英国，《每日邮报》（*The Daily Mail*）在显著位置刊登了记者的采访，并称之为“今年最为引人注目的探险故事”。

伯纳德是美国亚利桑那州人，曾经在哥伦比亚大学和亚利桑那大学学习人类学和哲学，获法学与文学学士学位。他进藏前做过律师，后来学习佛教，以其对于佛教的虔诚打动了西藏摄政，1937年应邀作为一个香客访问圣城拉萨。

伯纳德自诩是第一个白人喇嘛，是第一个皈依了佛教的来自外部世界的人，藏族人相信，他是一个大活佛的转世，法缘把他送到西藏来学习佛教知识，而后将这些知识带回西方。所以，藏族人给予他许多特权，西藏的甘丹寺法台为其主持授予他名号的宗教仪式。而他也为这次进藏做了充分的准备。从进藏前一年开始，他就到了印度，学习佛教和藏语，并且与西藏的喇嘛和僧俗官员建立起密切的联系。

他独自一人带着电影机和胶片进藏，雇了当地藏族人当助手，用镜头把他在拉萨各大寺庙的活动记录下来。据他说，他见到了拉萨的“宗教预言家”（有可能是指乃穷护法神），参加并且拍摄了天葬仪式（air burial）。他还把三百多卷的大藏经《甘珠尔》和《丹珠尔》带回美国。

回国后，基于自己的拉萨之行，接受采访之外，伯纳德还颇有著述。他著有《千佛之地》（*The Land of Thousand Buddhas*）一书，又名《诸神的阁楼》（*The Penthouse of the Gods*）。还撰写了一篇题为《西藏的危险》（*The Peril of Tibet*）的文章，谈他对于西藏的种种看法。伯纳德认为，剧烈变化中的外部世界，很快就会改变地球上独一无二的西藏的特色。西藏将会变成亚洲的芝加哥或加利福尼亚。欧洲和亚洲的政治、军事形势的进程，将会使英帝国对西藏的控制（这里主要是指对于进藏孔道的控制）消失，使这片至今仍然是神圣的和与世隔绝的广袤高原变成各军事强国的角逐之地。最先可能开发西藏的是日本。伯纳德还说，禁城拉萨距离印度边界不过三百多英里远，它所在的高原布满了高山湖泊，由融化的冰雪形成的巨大河流可以用来发电，河谷遍布农田，山区牧场可以把西藏变为全世界最大的羊毛生产地。在东方人的眼中，西藏的进一步开发可能看上去荒诞不经，但是对于目睹了北美大陆西部开发的美国人来说，这是再平常不过的事情了。

伯纳德生活的时代，人们对于西藏的矿产资源并不清楚。从多少个世纪之前就流传下来的西藏遍地是黄金的说法，似乎也打动了这个年轻的美国人，加上自己亲历其境之后的揣摩和猜测，伯纳德说，光是寺庙里就存有无数的金银珠宝。那里有成千上万的佛像，一些佛像如同真人大小，完全是用黄金铸成的。小一些的寺庙不太富有，但是大的寺院殿堂用金箔做顶。拉萨的大寺院富甲天下，足可以引来一支敌军的入侵。

介绍了自然资源和寺庙财富之后，伯纳德还对西藏的政治形势发表了评论。他说：

达赖喇嘛圆寂已经五六年了（按十三世达赖喇嘛圆寂于 1933 年年底），西藏经历了历史上最长的没有达赖喇嘛的时期。如今，西藏有三派人在争夺对于权力的控制。一派是当年以达赖喇嘛为首的寺院守旧派，希望继续与世隔绝的政策，保持一切传统的东西不变；一派是以扎什喇嘛（即班禅）为首的社会上层，他们想在保持西藏对外封闭的同时，把能够使西藏发展的新鲜事物介绍进来，还有一派是年轻人，他们主张抛弃一切传统的政策，向外部世界开放，并且承受一场革命造成的全部后果。

伯纳德的结论是：

在西藏延续了若干世纪而未被触动的旧的强大的神权政体，已经到了崩溃的边缘。藏族这一聪慧的民族，将为此作出准备。

文中，伯纳德还不客气地批评英国的对藏政策。他说，英国为了维护其在印度的垄断，打着尊重西藏人的精神信仰的招牌，小心翼翼地避免鼓励西藏的资源开发和工业发展。拉萨已经有了电灯，但是仅为极少数贵族官员家供电。有一条通达印度的电报线，没有广播电台。达赖喇嘛有两部汽车。……为了保持列强之间不稳固的力量均势，（英国）采取了“门户闭锁”的政策，而这一政策恰好又为西藏的神权政治寡头所欢迎。因为只有这样，他们才能够保住自己延续了若干世纪之久的宗教统治，让百姓们服从自己；他们才能靠着那死气沉沉的宗教仪式和藏民根深蒂固的迷信，用金银珠宝填满他们的庙宇、寺院和灵塔。现在，古老的疆界已经被打破，在我们的有生之年，拉萨——亚洲的罗马，就会变成巨大的畜栏和工业中心，铁路和航线将会以此为中心，向亚洲大陆的东南西北方向辐射。

伯纳德接着指出，英国人是为了满足自己的私利而不让西藏工业化的。到目前为止，中国人对于西藏没有工业上的野心。

> 中国与西藏之间的精神上的纽带曾经是强固的，西藏依然“在技术上”是中国的属地（Hence possession of Tibet, which is still technically a dependence of China…）。中国拥有西藏使得日本有朝一日可能控制西藏。藏族人意识到这一危险，去年冬天，一个庞大的西藏代表团前往重庆，支持蒋介石委员长抵抗日本。他们带去了募捐的 1 万张羊皮和 50 万中国银元，送给士兵们，以此来表达喇嘛、官员和贫苦农民的感情。

显然，在成为“白人喇嘛”并离开拉萨之后，伯纳德仍然在关注西藏。如果说两年前《每日邮报》对他拉萨之行的采访并未引起太大的反响，那么，他 1939 年发表在《亚洲》杂志上的这篇文章及其对于英国在藏所作所为的信口开河的批评，很快引起了英属印度政府的不安甚至怨怼。尤其是对于“英国驻拉萨使团”（The British Mission, Lhasa）的负责人黎吉生（Hugh Richardson）这样的英国驻藏官员来说，伯纳德自称他是第一个白人喇嘛，这就意味着在英属印度经营多年的西藏拉萨，英国人一直不曾做到的事，却让一个美国人做到了！这使黎吉生产生一种很强的失落感。在杂志刊出的当月，黎吉生就向其上司、锡金政治官古德（Basil J. Gould）作了报告，附上了刚刚刊出的《亚洲》杂志并逐条批评了伯纳德的这篇文章。

黎吉生在其报告的开头就不无讥讽地写道：

> 尽管已经结婚，伯纳德却声称他是一个正式受戒出家的喇嘛。……伯纳德的整篇文章都是夸大其词的，意在哗众取宠，把外部世界的人吸引到西藏来淘金。……然而，西藏矿产资源的开发需要公路、铁路和外国的资金。除非回报的前景十分可观，通信和交通设施的高昂建筑费用就会挡住绝大多数投资者。特别是在我们控制着由印入藏的孔道，外国投资者将不得不从中国内地、俄国或蒙古进藏的今天，情况就更加会是这样。至于寺院拥有的财富，恐怕是被夸大了。伯纳德显然把那些镀金的铜佛当成了纯金的，把那些不太值钱的石头和玻璃

In this Lamaist service at a Lhasa temple, the Chief Lama is on the right; his two assistants are in the centre.

Mystic Music In Golden Temples

Continued from Page 13

...vices were performed amazed me with their wealth of gold and jewels. Vessels that anywhere else would be of copper or brass were of solid gold.

During my visits to monasteries I studied thumo—the art of raising the heat of the body to fever pitch and of lowering it to icy cold.

Some of the lamas can concentrate all their vital force in one part of the body so that it becomes too hot to touch, the rest of the body being as cold as if they were dead.

I stayed in a hermit's cell at a height of 16,000 feet.

This hermit had not lain down for 22 years, as his cell was so small that it would not have been possible. He lived on a few grains of barley and a little yak's [species of cow] milk, and is now over 70 years old.

He could cease to breathe whenever he wished, and I have seen him do so for several hours.

I made searching investigations into stories of levitation and dematerialisation, but the higher lamas agreed with me in not believing that such phenomena exist. Such beliefs are not encouraged. Though some of the lower lamas are men of low mentality, the higher lamas are profound thinkers.

STRANGE RHYTHM

I stayed at many lamaseries, including Drepung, with 8,000 lamas, Tashi-Thunpo with 3,000, Sera with 6,000, Saskya with 2,000, and Ganden with 3,000.

At dawn and dusk all the lamas assemble for prayer. Huge trumpets, fifes, cymbals, and drums are used to make music of such incredible rhythm that it excites spiritual ecstasy in the highest degree.

So far as civil life is concerned, I learned a great deal by living as a member of the family of a high Tibetan official. I lived in Tibetan clothes and ate Tibetan food.

I saw the shrunken body of Tsongkhapa ["He of the Onion Land"], the great reformer of Lamaism, at Ganden, where it is preserved and removed from the tomb every few years for special ceremonies.

Sacred chapels in Tashi-lhunpo monastery were opened to me and photographed. Never before has a Westerner set eye on them, and they have been sealed since the flight of the present Tashi Lama [one of the two hereditary heads of the religion, who fled to China about 10 years ago after a dispute with the Dalai Lama].

Prayers for his return were said, but the shrine had been stripped of its gold and jewels, everything being stored under Government seal. In Tashi-lhunpo gold is as common as base metals in other countries.

I SEE THE ORACLE

Sorcerers, diviners, and astrologers were there in large numbers, and are believed in by the common people...

...as they became clear and after interpretation, they were passed to the person seeking advice.

The oracle swayed from side to side, and was handed silk scarves which he tied into sacred knots and cast in all directions. One fell in my lap, and this was interpreted as a sign of favour, conferring the blessing of the oracle's controlling spirit.

Gradually the oracle became calmer and began to place scarves round the necks of worshippers who filed reverently past him.

FED TO VULTURES

Finally, as the spirit left his body, he collapsed from exhaustion and was carried away to spend several days recovering from the emotional experience.

A unique photograph showing Mr. Bernard turning the prayer wheels during his initiation into the Tibet priesthood.

...cting Makes ...nthusiasts

Thrill Of The Hunt

西奥斯·伯纳德参加拉萨某寺院的一次法会的报道

当成了宝石。而且这些是专门用于宗教的器物，假如谁想借此牟利，那就只有靠偷窃或者盗卖。

伯纳德到拉萨来，带了许多钱财，布施给拉萨的各大寺院。正是这些钱财使得那些僧人们乐于满足他的种种要求。西藏的寺院在很大程度上是仰赖布施而度日的。伯纳德很了解这一点，并且出手阔绰以投僧人之所好。伯纳德拒绝了黎吉生请他在“英国驻拉萨使团”下榻的邀请，尽量避免与外界接触，甚至避免提及他到达拉萨时尚未离开的他的同胞隋丹·卡廷。……然而，他出手大方，又身着全套的僧装，头戴黄教僧人的僧帽，这就使得他每到一所寺院参观，都能得到友好的接待。通常不愿外人拍照的僧人们，一旦拿了钱，也就慨然应允伯纳德的所有要求了。此后，伯纳德的名字依然不断出现在报纸杂志上。1940 年 5 月 11 日的伦敦《标准晚报》(*Evening Stanclard*) 刊出了《一个美国人变成了西藏唯一的白人喇嘛》一文，后来伯纳德还出版了《千佛之地》一书。盛名之下，英国皇家中亚学会 (Royal Central Asian Society) 想请他去作演讲。这就令他的西藏拉萨之行至少在英印政府的涉藏官员中持续发酵，并使得英印政府驻拉萨使团的主要官员不得不再次发声以纾解心中的郁闷。1940 年 10 月，“英国驻拉萨使团”的雇员诺布顿珠写信给古德：

伯纳德（关于西藏）的许多描述是夸大其词的，目的在于让自己的故事耸人听闻。……除了身着僧袍、头戴僧帽以及大把大把地在各大寺院中撒钱之外，他在拉萨的行为和其他游客并无不同。……如果他的话没有在美国和其他地方受到批评，那不过是因为世人大多对于西藏的世俗生活和宗教活动茫然无所知而已。实际上，他不曾参加或目睹任何一项此前英国人没有见到的宗教仪式。伯纳德的藏语水平也极为有限，外出则必与翻译和向导塔钦（Tharchin）同行，……塔钦则从各个不同的角度为其消耗尽可能多的电影胶片。

伯纳德到拉萨来，带了许多钱财，布施给拉萨的各大寺院。正是这些钱财使得那些僧人们乐于满足他的种种要求。西藏的寺院在很大程度上是仰赖布施而度日的。伯纳德很了解这一点，并且出手阔绰以投僧人之所好。伯纳德拒绝了黎吉生请他在“英国驻拉萨使团”下榻的邀请，尽量避免与外界接触，甚至避免提及他到达拉萨时尚未离开的他的同胞隋丹·卡廷。……然而，他出手大方，又身着全套的僧装，头戴格鲁派僧人的僧帽，这就使得他每到一所寺院参观，都能得到友好的接待。通常不愿外人拍照的僧人们，一旦拿了钱，也就慨然应允伯纳德的所有要求了。

截至20世纪30年代末，西方人中，世人至今只知道有麦戈文、隋丹·卡廷夫妇和伯纳德这四个美国人曾经进藏并到达拉萨。而伯纳德身上具有典型的美国人的气质：注意从经济上观察问题，用一个美国西部牛仔的眼光推测西藏未来可能出现的发展变化，并且无所顾忌地批评英国政府的对藏政策。

自称为白人喇嘛的伯纳德因其拉萨之行而一度名声大噪。他写的文章，非常典型地反映出那时美国人对于西藏了解和认识的局限性。可以说，与生活在 19 世纪后半期至 20 世纪初的柔克义相比，美国人对于西藏的了解长进有限。尽管对于藏传佛教有所知晓并且得以进入拉萨，西奥斯·伯纳德对于西藏的描述和对于西藏未来的揣测，却大多是不着边际的。这固然与西藏的长期封闭有关，也和美国的经济实力还不够强大，得以进藏的美国人很少，对于英国人视为自己禁脔的西藏，美国一时既没有太大兴趣、也难以过分染指分不开。

英属印度政府官员对于伯纳德的关注和批评，则从一个侧面反映出英美之间在中国西藏的潜在的利益冲突。英国人实际上不希望任何外国人到西藏来，更不愿意听到外人对于英国的西藏政策评头品足说三道四。伯纳德之后，他们对于其他外国人，特别是美国人的入藏请求，更加谨慎了。

然而，伯纳德的拉萨之行还是从人类学、民族学的角度增进了美国人对于西藏的认识。这位白人喇嘛还对瑜伽感兴趣，被认为是个瑜伽师。直到今天，仍然不断地有关于他的专著出版。伯纳德的一个预言无疑是准确的——西藏闭关自守、与世隔绝的局面，很快就要一去不复返了。他离藏时，卢沟桥事变已经发生。日本军国主义发动了全面侵华战争，欧洲也是战争阴云密布。正是第二次世界大战，把西藏更深地带进了动荡变化的现代国际政治格局之中。

原载《中国西藏》2017 年第 5 期

第 8 章

“托尔斯泰－多兰使团”1942—1943年的西藏之行

第二次世界大战期间，两名美国军官携带着罗斯福总统给达赖喇嘛的信函、礼品造访拉萨，打破了高原古城的宁静。美国总统特使战时的拉萨之行有着复杂的背景，其经过也充满了传奇色彩。

西藏位于亚洲内陆的青藏高原，远离第二次世界大战的欧洲战场和亚洲战场，又与外界交通不便，因而战争爆发后数年间没有受到太大影响。但是从 1941 年开始，形势变了。

1941 年 12 月 8 日，日本偷袭珍珠港，随即占领香港等地，太平洋战争爆发。美国宣布与日本处于战争状态，英国也卷入在

托尔斯泰和多兰及其携带的罗斯福总统礼品。摄于 1942 年进藏途中。（迪克 · 古德提供）

亚洲与日本的战争。美国随后开始给予中国大规模战争物资的支援。1942 年 5 月第一次缅甸战役失败，滇缅公路被切断，中国失去了获取外援的重要陆上通道。中美两国因而共同开辟了“驼峰航线”，从印度空运美国援华的战争物资。但是“驼峰航线”的运力并不足以供战争之需，仍然需要开辟陆地运输线。西藏的战略地位和重要性也就因此而突显。

美国一直视西藏为中国的一部分，自此开始认真考虑在援助中国对日作战中西藏可能发挥的作用，并建议中国修筑中印公路，通过西藏转运战争物资。7月，刚刚成立的美国战略服务局（系战后美国中央情报局的前身）主任多诺万少将（Major-General William J. Donovan）致函国务卿赫尔（Cordell Hull），请求同意他派伊利亚·托尔斯泰上尉（Captain Ilya Tolstoy）和布鲁克·多兰中尉（Lieutenant Brook Dolan）两人作为罗斯福总统的特使，携总统致达赖喇嘛和西藏摄政的信函、礼品入藏，沿途进行考察。其主要目的是了解通过西藏向中国内地运送战争物资的可能性。此外，他们还将“观察西藏人民（对于战争）的态度，寻找盟友，发现敌人；确立战略目标并考察未来可能作为活动地域的西藏的领土”。

当时美、英、中已经成为共同抗击德、意、日法西斯的盟国，美国既然历来承认西藏为中国领土之一部分，在战事方殷，需要加强团结之际，自应尊重中国主权，因而美方先向中国政府提出派员入藏的要求，请国民政府与西藏地方当局交涉，同意接待美使，为托尔斯泰和多兰入藏提供方便。美方的请求得到了蒋介石的批准。

辛亥革命以来，西藏与中央的关系一直不正常。20 世纪 30 年代初情况刚有好转，十三世达赖喇嘛却溘然圆寂。1937 年全面抗战爆发后，民国中央政府迁都重庆，地理上距离拉萨更近了。时至 40 年代初，虽然抗战进入艰苦的相持阶段，但是中国的国际地位日渐提高。蒋介石是当时中华民国国防最高委员会的委员长、盟军中缅印战区总司令，遂萌生了开辟中印公路，转运战争物资，并借筑路而推动解决西藏问题之心。然而，此时正值西藏地方政局发生变化。热振活佛 1941 年被迫将摄政职权暂交达扎活佛后，拉萨上层当中图谋分裂的亲英势力坐大，于 1942 年宣布成立“外交部”（Foreign Office，这是噶厦政府起初为其“外事机构”自行选定的英文名称），要求国民政府驻藏办事处以后有事通过“外交部”联系。这等于视中国为外国，国民政府与拉萨的关系一时间变得十分紧张。在这种形势下，国民政府蒙藏委员会下属的西藏办事处与噶厦政府接洽美国总统特使入藏一事，竟被拒绝。

美国当时与拉萨没有直接的官方联系，只好转而求助英国，

托尔斯泰和多兰在拉萨与西藏地方政府官员、卢德洛等合影。卢德洛摄于 1942—1943 年。（英国国家图书馆藏）

请英方向噶厦交涉。此后，美国人一直通过英国与西藏地方当局直接联系。后来托尔斯泰 - 多兰“使团”的入藏，是在英方的帮助下成行的。

自 20 世纪初年，英属印度政府就控制了印藏之间经由锡金进藏的交通线。由于康藏青藏路途偏远，匪患频仍，不通公路，即便中国政府官员进藏，有时也不得不绕道印度和锡金。英属印

古德等人在观看罗斯福总统赠送给达赖喇嘛的礼品。摄于 1942 年托尔斯泰和多兰进藏途中。（迪克 · 古德提供）

度政府一直把西藏视为自己的禁脔，不仅极力阻止中国政府与西藏地方当局恢复正常关系，而且不愿外人随便进藏。但是因为战时中美英成为盟国，而印度又面临日军入侵的威胁，英国人这时改变了态度，乐得帮助美国人。

伊利亚·托尔斯泰是俄国文学家列夫·托尔斯泰的孙子，入藏前曾经游历中亚和非洲。当多诺万让他再挑选一名同伴时，他点名要多兰同行。多兰此前已经有过两次前往康区和安多从事动物学考察的经历，而且研习过藏传佛教，能够讲几种藏语方言。

多诺万希望国务院指示美国驻印度外交机构与英属印度当局联系，给予必要的帮助。国务卿赫尔（Cordell Hull）立即将此事呈报罗斯福总统（President Franklin Roosevelt），并建议总统给达赖喇嘛写一封信。赫尔提醒总统，鉴于中国政府视西藏为中华民国的领土，为了避免冒犯中国，此信应该写给作为宗教领袖而不是世俗首领的达赖喇嘛。罗斯福总统当天就签发了赫尔为他拟就的给达赖喇嘛的信：

尊敬的宗座：

我的两位同胞，伊利亚·托尔斯泰和布鲁克·多兰希望访问阁下（your Pontificate）和历史悠久而闻名遐迩的拉萨城。在美利坚合众国，包括我本人在内，有许多人对于你的土地和人民抱有极大的兴趣。我们将珍视这样一次机会。

如你所知，美国人民与其他二十七个国家的人民联合在一起，正在致力于一场战争。这场战争是那些一心想要征服世界的国家强加给全世界的。它们企图在所有地方毁灭思想自由、宗教自由和行动自由。同盟国今天正在为保护和维持上述自由而战。我们确信必将获得胜利，因为我们的事业是正义的，我们的力量是强大的，我们的决心是不可动摇的。

我请伊利亚·托尔斯泰和布鲁克·多兰向你转交象征我对你的友好情谊的一份薄礼。

致以诚挚的问候。

富兰克林·罗斯福，1942 年 7 月 3 日于华盛顿。

1942 年 7 月中旬，托尔斯泰和多兰以美国总统特使身份从美国动身。到达印度首都新德里后，见到了时任蒋介石的参谋长、中缅印战区美军总司令的约瑟夫·史迪威（Joseph Stilwell）将军，并在印度等候英印政府与拉萨联系入藏事宜。

英国在拉萨从来没有过正式的外交机构，更没有什么“公使”“领事”之类的外交官。本来，1904 年英国第二次侵藏战争之后订立的中英之间关于西藏的条约规定，英国人仅可在江孜设置商务机构，不得常驻拉萨。1935 年英属印度政府派员入藏参加十三世达赖喇嘛的致祭活动后，却留下了一个“英国驻拉萨使团”，以抗衡黄慕松留下的国民政府驻藏办事机构（1940 年 4 月 1 日正式成立蒙藏委员会驻藏办事处）。这个“使团”此后便演变成了英印政府驻拉萨实际上（而非名义上）的常设机构，在建制上隶属于英属印度政府驻锡金政治官。1942 年托尔斯泰和多兰二人入藏时，恰值古德（Sir Basil Gould）出任锡金政治官，他

国民政府蒙藏委员会旧址

手下的弗兰克·卢德洛（Frank Ludlow）出任“英国驻拉萨使团”负责人。正是他们居间联系西藏地方当局，具体安排了此番美国总统特使的入藏事宜。

1942 年 12 月 12 日，托尔斯泰和多兰到达拉萨。并很快见到了时年仅 7 岁的十四世达赖喇嘛，面交了罗斯福总统的信函和礼品。随后他们走访哲蚌、色拉等大寺，布施僧人，结交噶厦政府的僧俗权贵，还在拉萨度过了圣诞节。了解到西藏地方当局谋求独立的愿望后，托尔斯泰讨好藏方，表示同情和支持，还提出日后向藏方提供美国的无线电台，并答应帮助制造一部藏文打字机。1943 年 2 月初的一天，托尔斯泰主动告诉噶厦“外交局”的官员，他已经向自己的政府建议，战后由主权国家召开的和平会议接纳西藏派代表出席。当时在场的卢德洛也表示，假如西藏地方当局有此意向，自己愿意尽力。西藏地方当局很快表示感谢，

托尔斯泰和多兰前往拉萨以北的热振寺拜访第五世热振呼图克图（前排右二）。德木·丹增加措摄于 1943 年。（旺久多吉提供）

询问和平会议几时召开，西藏应该向谁提出申请，等等。但是，这一建议完全出自托尔斯泰个人，后来一直没有得到上司的任何答复。托尔斯泰十分尴尬，为自己多事而懊悔不已。卢德洛则由于擅自赞同托尔斯泰的建议，事后受到英印政府的严厉训斥，并且在送走美国访客后很快即被免职，奉召返印。

入藏之前，西藏地方当局弄不清楚，这两个美国人是不是重庆曾经提出要他们接待的同一批美国人。藏方担心在拒绝国民政府之后，给英国人面子，让这两个美国人前来拉萨，会开罪重庆。后来又提出可以欢迎美国人来，但是他们不能带记者，结束访问

第五世热振呼图克图（中坐者）在拉萨以北的热振寺会见托尔斯泰（左二）。德木·丹增加措摄于 1943 年。（旺久多吉提供）

后必须原路返回印度。托尔斯泰则耍了个花招儿，闭口不提从拉萨前往中国内地的意图，准备等进藏之后，再提出进一步的要求。他们在拉萨频频向藏方示好，就是要让藏方回心转意，同意他们按原计划穿越藏北前往中国西北，以完成此次总统特使的任务。藏方因其是美国总统第一次派来拉萨的特使，自己将来或许还会有求于美国人，勉强同意。1943 年 3 月 19 日，在逗留了 3 个月之后，托尔斯泰和多兰一行带着达赖喇嘛和西藏摄政给罗斯福总统的复信和回礼，经由藏北那曲、青海玉树前往兰州。西藏地方当局派出人员一路护送他们至当时藏北的藏青双方各自控制地区的交界处。

托尔斯泰和多兰此行主要关注两件事：1. 能不能修筑一条

经过拉萨和玉树，连通印度与中国内地的公路；2. 能不能开辟一条经过拉萨连通印度与中国的大型运输机航线。在拉萨，他们曾仔细测量拉萨城（当时的拉萨城很小，仅限于大昭寺周围今八廓街一带）与色拉寺之间的距离，以便确定能不能将来修筑飞机跑道。离开拉萨后，在从藏北至兰州途中，他们还测量并绘制了多幅地图。

托尔斯泰和多兰逗留拉萨期间，重庆国民政府蒙藏委员会驻藏办事处处长孔庆宗几乎完全被撇在一旁，不能与闻美国人、英国人与西藏地方当局的交往和活动。只是在得知他们准备从拉萨前往中国内地时，才为他们穿越青藏高原一事与重庆联系，作出必要的安排。但是孔庆宗十分警觉，一直想方设法打探消息。后据孔庆宗多方了解，托尔斯泰在拉萨曾向西藏地方当局提出“沿英人例，在拉萨领取官地，并修筑房舍”的要求，西藏地方当局则欲“以购美军火为交换条件”。1943 年 1 月，国民政府外交部行文蒙藏委员会，请搜集美英两国供应藏方军火的证据，以便日后提出交涉。一直等到托尔斯泰和多兰离开拉萨两个多月之后，孔庆宗才得知美国人在拉萨支持“西藏独立”活动的种种言行，向蒙藏委员会报告。

在抗战方殷、中美英结为盟国那样一个特殊的历史时期，美国总统的两名特使通过英国人的帮助，在开辟运输线，帮助中国抗战的名义下，与谋求独立的西藏地方政府建立了直接联系，此事的确让国民政府十分为难。美国的所作所为无疑已经损害了中国主权的完整，但是国民政府因为在抗战中要仰赖美国的援助，加之无法知晓美国军官在拉萨的活动细节，又不好

托尔斯泰和多兰携回的拉萨当局给罗斯福总统的礼品——达赖喇嘛像，1943 年。（胡佛档案馆）

托尔斯泰和多兰携回的拉萨当局给罗斯福总统的礼品——吉祥八宝唐卡 1 幅，1943 年。（胡佛档案馆）

直接与美方交涉。

1943 年 6 月抵达兰州后，托尔斯泰 - 多兰此次西藏之行的情况才逐渐为外界所知。7 月，美国驻华大使馆派驻兰州官员的报告称：当时正在兰州的谢伟思（John S. Service）得知，托尔斯泰和多兰在拉萨时，“其态度非常亲近西藏，而对中国则多加批评。……（认为）美国应该支持西藏面对中国”。国民政府获悉后当然不能继续保持沉默。外交部次长胡世泽在与美国大使馆官员的谈话中表示，他已获得如下报告：托尔斯泰曾告诉藏方，美国愿支持西藏维持独立于中国的愿望。因为美国在西藏问题上一

托尔斯泰和多兰携回的拉萨当局给罗斯福总统的礼品——唐卡4幅，1943年。（胡佛档案馆）

向持十分正确的态度，中方对此表示非常惊异。胡世泽还说，他将获得更多资料，在适当时机转交美方。

从民国初年到20世纪40年代初，美国政府与西藏不存在任何官方联系。太平洋战争的爆发，改变了这种局面。尤其是“托尔斯泰－多兰使团”的拉萨之行，开了美国政府派员入藏与西藏地方当局直接建立联系、插手中国西藏问题的先例。

对于战争期间美国人在中国的活动，当时在延安的中国共产党人从总体上说是欢迎的。1944年毛泽东告诉访问延安的谢伟思：由于美国军人和物资来华，美国对中国的干涉是实际存在的。

中共希望“每一个在中国的美国士兵都应当成为民主的活广告”，也乐于让美国人到处走走。但是中共并不知道，托尔斯泰跑到西藏去，竟然会鼓动西藏地方当局从事“西藏独立”的活动。

托尔斯泰和多兰二人随身携带的达赖喇嘛的信函、礼品，于1843年6月送达罗斯福总统。当时的美国报纸还报道了这一消息。遗憾的是，大多数报纸把十四世达赖喇嘛误为14岁的达赖喇嘛。只有一份美国费城的晨报《费城询问报》（*Philadelphia Inquirer*）比较靠谱，把达赖喇嘛的年龄说成是9岁，并且给出了他的身世——一个“中国农民的孩子”。

原载《中国西藏》2015年第1期

第 9 章

第二次世界大战期间美国对西藏地位的认识

1943 年 5 月 12—25 日，美国首都华盛顿，美英两国首脑及美英联合参谋长委员会成员举行代号“三叉戟”太平洋会议，协调反法西斯战争的重大军事战略。中国战区最高统帅蒋介石派出特使宋子文与会，中华民国驻英国大使顾维钧亦到会协助宋子文。一次会议结束后，罗斯福总统与丘吉尔首相两人进行了下述短暂对话：

罗斯福：“此次会上，你怎么会提出西藏问题呢？”

丘吉尔：“英国并没有占领西藏的企图。”

罗：“西藏过去是帝制时代中国的一部分，现在是中华民国的一部分，与英国没有关系呀。”

丘："中国政府在西藏没有实权。"

罗："中国政府在西藏有没有实权，关英国什么事呢？"

丘："……"

据笔者所知，近代以来，美英两国最高领导人当面辩论中国西藏的地位，这是唯一的一次。在第二次世界大战战事紧迫之际，美国总统和英国首相在讨论对轴心国作战方针的太平洋会议结束之后，何以会争辩中国西藏的地位问题，唇枪舌剑几至不快呢？此事说来话长。

众所周知，英帝国主义是近代以来西方列强侵略中国的元凶，也是侵略中国领土西藏的元凶。1888 年和 1904 年的两次侵藏战争，均为英国发动。逼迫清朝政府与之签订一个又一个涉藏不平等条约的，也唯有英国一国。1907 年，又是英俄两国背着中国政府，把中国对于西藏的主权歪曲为"宗主权"，载入其双边协定中。辛亥革命后，西藏地方当局和中央政府的关系始终不正常，其中一个重要原因，就是英国通过英属印度政府，在西藏采取了培植亲英分裂分子的政策，促使西藏上层贵族中形成了一股主张"西藏独立"的势力。民国建立，虽经北京政府、南京政府多方努力，但是收效甚微。"西藏问题"成为当时中国人心头长久的痛。至 1937 年中国全面抗战爆发，迁延二十余年不得解决。

南京国民政府建立之后，为解决藏事迭出举措，1939 年，继青海建省之后，西康省正式建立，为维护中央在藏主权、推进西藏问题之解决奠定了基础。自 20 世纪 30 年代初开始，国民政府先后派出刘曼卿、谢国梁等进藏，与十三世达赖喇嘛联络感情，促其摆脱英人控制，倾向中央。1933 年达赖喇嘛圆寂之前，还曾修书一封，历时半年寄达蒋介石。此后南京政府派出黄慕松入藏致祭、吴忠信入藏主持十四世达赖喇嘛坐床，中央与西藏关系的改善虽然步履维艰，进展缓慢，但是仍然平稳前行，不断进步。孰料 1941 年年初开始，局势逆转。先是热振活佛被迫退隐，交出摄政职权，随之在中央为修筑中印公路派员入藏踏勘一事上，西藏地方当局执意反对，阻挠国民政府派遣进藏的勘测队。1942 年 7 月，藏方更是猝然成立所谓“外交部”，企图视中央政府为外国政府，逼迫国民政府蒙藏委员会驻藏办事处与该机构发生联系，甚至发生藏警冲入中央驻藏办事处事件。西藏地方当局在策动“西藏独立”的路上越走越远。8 月，驻藏办事处处长孔庆宗

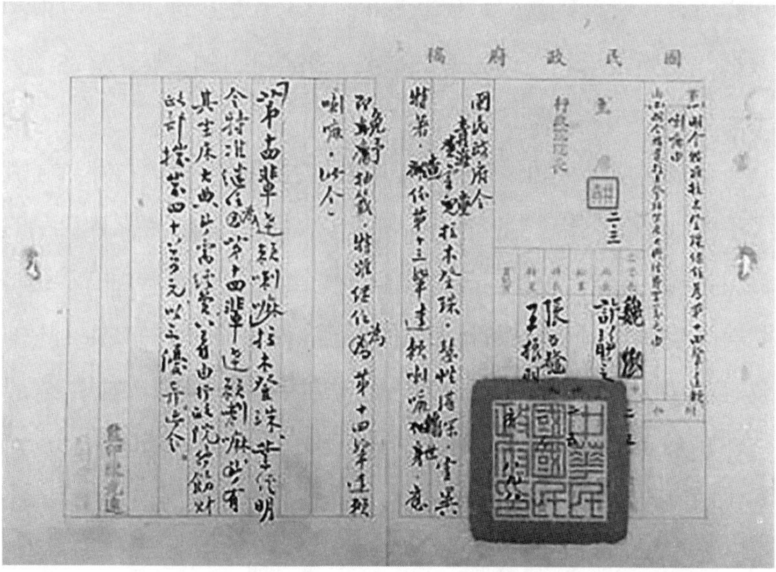
國民政府稿

国民政府认定拉木登珠为十四世达赖喇嘛的命令

向重庆建议，中央密令青康滇诸省军队越境向藏方施加压力。10月底，蒋介石在重庆召见西藏驻京办事处负责人，面责其转报拉萨：西藏地方当局所作所为，有辱国体，必须妥善处理，并将处理结果详电报告中央。

实际上，随着国内外局势和西藏政情的演变，蒋介石一直在谋划应对之策。1942年年初，在督促中印公路开筑之际，他已经在考虑青藏、康藏两公路的设计，甚至计及数十年后新藏铁路的修筑。1942年春，又指示戴笠派出谍报人员进藏。5月，决定派马步芳军入藏，以武力向藏方施压，保证抗战后方稳定，并相机推进西藏问题之解决。而稍后孔庆宗的建议，正合蒋介石心意。蒋乃于当年年底密令西康省刘文辉、青海省马步芳对藏用兵，第一步先夺取昌都。刘文辉因担心中央军借机入康，为求保存地盘和实力，并未出兵越过汉藏边境。而马步芳在从蒋介石手中得了一批武器弹药后，经过一冬的准备，果然于1943年春调集了数千部队开赴青藏边境玉树一带。

藏汉边境局势骤然紧张，以摄政达扎活佛为首的拉萨当局慌了手脚，一面直接致电蒋介石，请求中央罢兵，一面赶紧向自己的靠山英国人求助，请其向国民政府进行交涉。伦敦则一面指示英国驻美国大使馆，向美方解释西藏的形势，要求美国支持其阻止中国政府对西藏采取“侵略行动”，一面应拉萨之请，向重庆发难。

1943年5月7日，英国驻华大使薛穆（Horace James Seymore）约见国民政府外交部次长吴国桢，称：

据西藏当局告知英国驻藏代表……中国军队现在结

古（按即玉树）集中，已有三千步队由西宁开至青海南边，西藏地方当局深感不安。英国政府以为中国此时在中亚细亚有所举动，不甚相宜，希望中国政府能表示无此事实，以便转告西藏当局，使其安心。

吴国桢当即答称：

中英各自利益均需要两国之关系日益增强，故……余希望阁下能撤回此项询问。余对于我国军队之调遣不甚明了……然……一国之内部队之调遣，实与另一国无关。至于一国之中央与地方接洽事件，无论其友国如何友好，亦无友国代为转达之必要。……希望阁下不提此事。

5月10日，蒋介石亲自在吴国桢呈送的关于应薛穆之约晤谈西藏问题的报告上批示：

西藏为中国领土，我国内政决不受任何国家预问。英国如为希望增进中英友谊，则勿可再干涉我西藏之事。……

蒋介石并指示吴国桢拒绝就中国政府在青藏边境的军队调动对英国作出任何进一步的解释或承诺。12日，蒋介石在蒙藏委员会秘书周昆田的陪同下，召见西藏驻京办事处负责人阿旺坚赞，

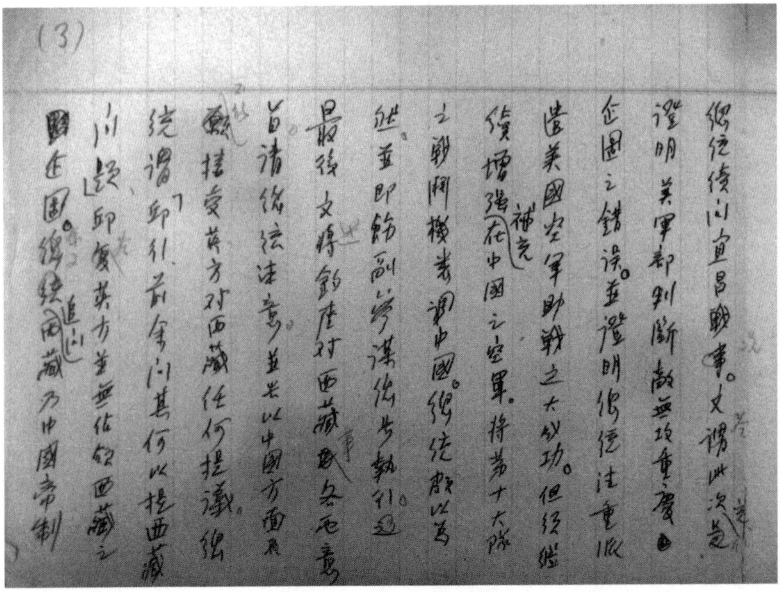

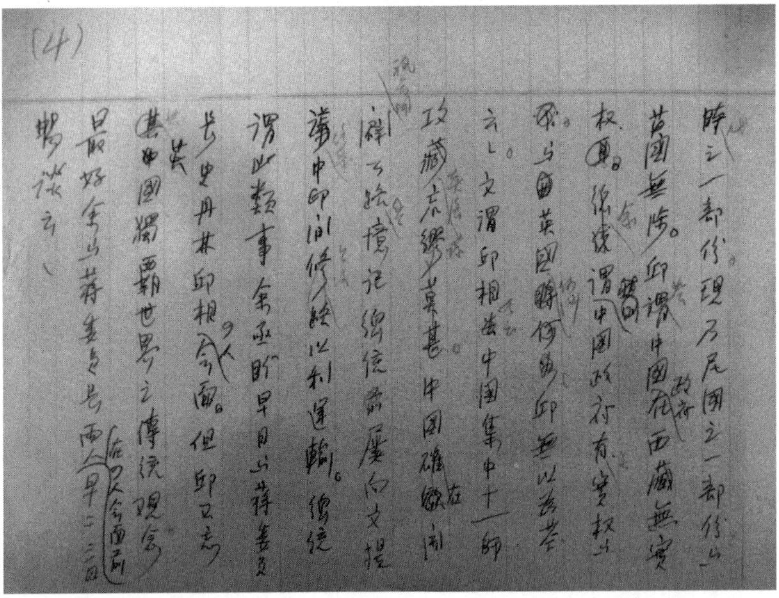

1943 年 5 月下旬宋子文致蒋介石电报稿（胡佛档案馆）

责令西藏地方当局同意修筑中印公路，同意国民政府驻藏办事处不经西藏“外交局”仍照从前直接与噶厦接洽，并表示如果藏方不能做到，中央将派军队进藏。“……西藏必须服从中央命令，如发现西藏有勾结日本情事，当视同日本，立派机飞藏轰炸”。在以“武”的一手对西藏地方当局施加压力的同时，蒋介石还布置了“文”的一手，发给青海的藏传佛教高僧喜饶嘉措大师经费，请其入藏宣慰。

薛穆在吴国桢那里碰了一鼻子灰，致电英国外交部，建议对中国政府提出外交抗议。伦敦复电要薛穆告诉中国政府，这个问题被提交给英国政府，并将在5月下旬于华盛顿召开的太平洋会议上予以讨论。果然，5月21日的会上，丘吉尔放了一炮：

近闻中国有集中队伍进攻西藏之说，致该独立国家大为恐慌，希望中国政府保证不致有不幸事件发生……

此前，还从未有过哪位英国首脑或高官在外交场合公开称西藏为“独立国家”。宋子文立即反驳：

（文）并未闻有此项消息，且西藏并非首相所谓独立国家。中英间历次所订条约，皆承认西藏为中国主权所有，当早在洞鉴之中。

本日会议议题原为讨论同盟国对轴心国作战的重大战略问题和缅甸战役，事关盟国在欧洲、亚洲联合作战的通盘计划。不料丘吉尔节外生枝扯出西藏问题。

当时陪同宋子文前往华盛顿的顾维钧也在其回忆录中比较详细地记述了这场争辩：

> 5月21日星期五晚我去见宋子文，发现他极度不安。……宋子文说丘吉尔就西藏问题所讲的话，尤其不堪入耳，令人愤慨。丘吉尔说，他希望中国人不要浪费精力去进攻独立的西藏。这马上引起宋的反驳。宋说中国虽然在西藏边境驻有很多士兵，但他可以向首相保证这些部队不会进攻这块土地。但应指出，这块地是中华民国领土的一部分，而不是什么独立国家。随后丘吉尔吞吞吐吐说到中国对这个偏僻荒凉国家的宗主权，又说英国对之不感兴趣。宋反驳说，如果西藏不那么偏僻荒凉，说不定英国早已对它感觉兴趣得多了。反驳确很尖锐，足证双方都已克制不住。宋不知这一冲突对他行将去英国的访问会有什么影响；也不知丘吉尔是否能抨击别人，也能经受得住别人的抨击。丘吉尔对率直的言语并不介意，尽管有时也会不高兴，尤其是在人多的场合。宋的印象是（美国）总统感到相当有趣。参加这次会的麦肯齐·金事后向宋说宋的立场无误。宋在会议结束时说，如果他讲话有些鲁莽，那只是因为事关国家存亡，且他的英语不够纯熟所致。丘吉尔说他恨不能说好中国话。我如果处在宋子文的地位，也会像他那样争论。我当然也要为中国说话，需要交锋时我决不会犹豫。保卫

> 国家利益只得如此。我的表达方式也许会略为婉转些，但那也要看当时感情激动到什么程度。

这样一段文字记述，把当时会议现场宋子文与丘吉尔的舌剑唇枪相互辩驳的情景描述得活灵活现，而且还兼及美方与会官员的态度，有助于深入理解当时美国政府对于西藏问题的立场和态度。相关档案记录显示，“三叉戟”会上与丘吉尔发生了与会议主题几乎毫无关系的西藏问题争辩之后，宋子文立即电告蒋介石。蒋介石闻讯大怒，迅即复电宋子文：

> 丘吉尔称西藏为独立国家，将我领土与主权完全抹煞，侮辱实甚。不料英国竟有如此言动，殊为联合国共同之羞辱，应向罗总统问其对于邱言作何感想，及如何处置，西藏为中国领土，藏事为中国内政，今邱相如此出言，无异干涉中国内政，是即首先破坏大西洋宪章，中国对此不能视为普通常事，必坚决反对，并难忽视。又本月初英使见吴次长面称，西藏闻中国军队已进至昌都附近，甚为恐慌，在此美国正对中国加强空运之时，不宜对藏用兵，其词气一如邱所言。当时吴即拒绝其请，声明此为我国内政，不能接受此等劝告……

电报中蒋介石尚有所克制，日记里则大骂丘吉尔“鲜耻寡廉”：

> 昨日晚傍接宋电称，华会（华盛顿会议）廿一日会

议中，丘吉尔突称西藏独立国家，中国在此获得美英空军接济之时不宜对藏用兵，并将其对中英美一月间加尔各答共同进攻缅甸决议完全推翻否认，此诚帝国主义真面目毕露，不仅为流氓市侩所不为，而亦为轴心倭寇所不齿。

在给宋子文的复电中，蒋介石一再强调必须坚持原则，绝不退让，而且要让罗斯福总统出面主持正义。罗斯福从当时同盟国反击轴心国的战略全局出发，确实对国民政府表示了支持。这就是前述罗斯福与丘吉尔争辩西藏地位的背景和缘起。在面告宋子文这场争辩内容的同时，罗斯福还对宋子文说：

此类事余亟盼早日与蒋委员长、史丹林、丘相四人会面。但丘不忘其英国独霸世界之传统观念。最好余与蒋委员长两人在四人会面（按指拟议中当年年底召开的开罗会议）前早二三日畅谈。

可见，美国政府是坚持把西藏作为中国领土的一部分，反对英国分裂中国西藏的任何企图的。

当时中国是美国在亚洲对日作战的最重要的盟国，罗斯福总统希望“中国成为战后世界组织中的四大警察之一”，希望中国能够“协助美国在战后维护太平洋的和平”，还想利用中国作为“在远东对付苏联的一种可能的平衡力量。”在西藏问题上当然不会赞同英帝国主义者丘吉尔的主张。

实际上，就在罗斯福与丘吉尔争辩西藏地位之前不久，两国政府已经通过备忘录等官方文件表明了彼此的意见分歧。1943年4月20日，英国驻美国大使馆向美国国务院递交了一份备忘录，通报中英两国政府就西藏问题进行交涉以及英属印度政府对于西藏地位和经由西藏运输战争物资的态度。伦敦以英属印度政府的口气声称：

> 印度政府一贯坚持西藏是一个有权与其他强国互换外交代表的充分享有地方自治权的单独国家（a separate State in full enjoyment of local autonomy）。中国和西藏的关系不是一个中国单方面所能决定的问题。在此问题上，西藏有权与之（中国）谈判，而且如果需要，可以期待英国政府依据上述立场所给予的外交支持。

美国不准备改变自己长期以来已经形成的对于西藏地位的认识和立场，尤其不愿意在抗日战争紧张进行之际，让西藏问题影响自己与盟国中国的关系。5月15日，美国国务院复照英国驻美国大使馆：

> 关于西藏在亚洲的地位问题，承蒙英国政府善意地将其历来的态度予以说明。就美国而言，美国政府深知中国政府一贯坚持其对于西藏拥有宗主权，以及中国宪法将西藏列入中华民国版图的组成部分等事实。本政府对于上述事实从未提出过任何异议。美国政府相信，此时就西藏的地位问题进行任何详细的讨论都是没有益处的。

尽管备忘录错误地把中国对于西藏的主权称作“宗主权”，但是美国政府关于“西藏是属于中国的”这一认识十分明确。美国的态度令英国失望。英国驻美国大使哈利法克斯（Halifax）报告伦敦，在有关中国与西藏关系的问题上，美国方面不会给英国以任何支持。而英国政府的决策者们又十分清楚，英国必须“谨慎把握对于西藏自治的继续支持。……如果美国在西藏问题上站在中国一边，我们也许就将无力继续我们（对西藏）的政策”。

中英之间关于西藏地位的这场争论，并未轻易收场。但是鉴于国民政府和蒋介石在抗日战争最为艰苦的阶段依然坚持原则，在西藏问题上毫不妥协，而当时作为同盟国领袖的罗斯福总统又支持了中方的立场，英国政府从此不敢造次，再也没有哪位“大人物”敢称西藏为“独立国家”。1943 年秋，中国外长宋子文访英，英国外交大臣艾登交给他一件备忘录，申明“英国政府一直准备承认中国对于西藏的宗主权，但必须以西藏被视为一个自治邦为前提”。直到 2000 年，英国还在其官方白皮书中自诩是世界上唯一一个“既不承认中国对于西藏的主权，也不承认西藏独立的国家”。2008 年，英国感到再也无法坚持这一荒谬立场，由时任外交大臣的米利班德（David Miliband）发表书面谈话，表示英国不再坚持业已过时的“宗主权”，“视西藏为中华人民共和国的一部分”。20 世纪初由英属印度总督寇松发明的中国对西藏“宗主权”之说，历时一百余年而告寿终正寝。

原载《中国西藏》2015 年第 2 期

第 10 章

二战时期美国军方赠送西藏地方政府无线电设备事件的来龙去脉

无线电是现代工业和科学技术应用于通讯领域的产物，第一次世界大战时被用于军事。20 世纪 20 年代之后，无线电技术在欧美和亚洲有了长足的发展。

西藏何时有了第一部无线电台？一般认为是在 1934 年。时人追忆，至 20 世纪 40 年代初，拉萨至少已经有两部电台。其中一台是国民政府蒙藏委员会驻藏办事处的，一台是“英国驻拉萨使团”的。这种状况，至少延续到 1947 年热振事件。据当时在藏的办事处处长陈锡章回忆，“1934 年，黄慕松进藏祭吊十三世达赖。事毕返回内地，留参议刘朴忱及蒋致余常驻拉萨，并设立

英国制造的电台，约在 1936 年摄于西藏江孜。（图片由埃文 · 约克 · 内皮恩家族后人提供）

无线电台，归交通部管辖”。当时为了运送这进藏的第一部电台到拉萨，还颇费了一番周折。这是因为，黄慕松一行虽然从川藏线进藏，但是包括无线电台在内的大量设备和礼品却要经由海路取道印度运输入藏。当时的英印政府曾经考虑对中方的无线电台不予放行，后来自觉太过无理，又打算谎称运输不便而加阻止，并劝告西藏地方当局出面拒绝。何曾想到，西藏地方当局不仅不加反对，反而在黄慕松致祭活动结束后，请求留下无线电台。第一部无线电台，就是这样运抵拉萨投入使用的。

电台设立后，西藏与祖国内地的联系自然是增进不少。热振

在帐篷中的同一部英国制造的电台，1936 年摄于西藏拉萨德吉林卡。（图片由埃文·约克·内皮恩家族后人提供）

主政期间及之后，西藏地方当局与中央政府、与西藏驻京办事处的联系，中央政府与驻藏人员和西藏地方当局的联系，均赖其利。无线电台也对民间开放，但是报费昂贵。“无线电台在拉萨设立之初，即言明西藏地方政府向中央发电免收报费。至于商人，则向印办货者多，均走西藏有线电台；向内地办货者少，且每字收藏银三两，报费过昂。”1944 年沈宗濂入藏，曾建议减低报费，但电台的主管部门交通部希望自给自足维持现状，未予采纳。

“英国驻拉萨使团”的无线电台，可以肯定是晚于驻藏办事处的。黄慕松的致祭之行结束后，英国人担心中国在藏影响扩大，先是派出威廉逊（Frederick Williamson）前往拉萨，继由锡金政治官古德带着黎吉生（Hugh Richardson）再赴拉萨，并用阴谋手段诱骗西藏地方当局同意留下黎吉生，以抗衡当时尚未正式设立的国民政府蒙藏委员会驻藏办事处。和黎吉生一起留下的，就有一部无线电台。这部电台装了 22 箱，是用 14 头牲畜运至拉萨的。中国政府曾经就此提出交涉，抗议英国侵犯中国主权。但是英国人忽而对西藏地方当局援国民政府之例，妄称中国人留了电台，他们也有权这样做；忽而欺骗西藏地方当局，诡称他们留下的只是不能发报的收音机。西藏地方当局并不认真反对，于是西藏有了第二部无线电台。英国人的无线电台，要比驻藏办事处的更好。1944 年随父进藏的陈乃文女士，依然清晰记得其部分设备看上去像一片片暖气，估计应为发电机的散热设备。此外英国人经营得也比国民政府人员要好，能够更多地提供民用，借此赚钱。

实际上，时至 20 世纪 40 年代初期，西藏的无线电台已经不止此两部。例如，1942 年前后军统的戴笠派遣多批特工入藏，就都带有电台。当时曾经筹划在拉萨建立支台，上与重庆的总台联络，下与昌都、山南和日喀则等地的分台联络。当然，这些便携式的特工电台是不归驻藏办事处管辖的。特工与办事处工作人员也并不张扬，以免让外人知道。

当中央政府驻藏办事处和“英国驻拉萨使团”均有了自己的无线电台之后，西藏地方政府与外界的联系，除了借助于以上两方，仍然只能依靠 1904 年英国人侵藏之后留下的邮政和有线电报系统。

西藏地方当局当然希望有自己的无线电台。托尔斯泰和多兰两人到拉萨后不久，因为要为经藏北前往中国内地而征得藏方同意，便向藏方示好，主动提出送给西藏一部无线电台，还答应帮

在昌都战役中缴获的美国电台，西藏昌都（1950 年），*People's China*，1951 年第 1 期。

助制造一部藏文打字机。由于藏文与英文的书写方式不同，字母基字上下有时要标注元音符号，上下前后还会有加字，因而藏文打字机的制造并非易事。但是无线电台却是现成的。托尔斯泰和多兰向其上司、掌管战略服务局的多诺万少将提出了建议，并且很快得到上司的赞同和支持。

1943 年 3 月 20 日，美国国务院政治关系顾问贺百克（Stanley K. Hornbeck）的助理希斯（Alger Hiss）记录了他与多诺万的部下、战略服务局（O.S.S.，美国中央情报局的前身）古德费洛上校（P. Goodfellow）的电话交谈：

西藏当局向托尔斯泰和多兰提出请求，希望得到一套无线电收发报机，以供西藏境内使用。战略服务局现有此套设备，可供赠送西藏当局。战略服务局的多诺万少将及其他官员认为，托尔斯泰和多兰为与西藏当局建立友好关系，已经做了有益的工作，如果送给西藏这套无线电收发报机，将有助于美国在这一整个地区的战争努力。古德费洛还希望希斯能够非正式地探询国务院的态度，以及国务院将希望战略服务局以何种方式提出此一问题。

由于此事牵涉中方，复杂而微妙，美国国务院在答复战略服务局之前再次慎重考虑。数日后，远东司司长助理艾其森（Atcheson）提出如下意见：

战略服务局关于向西藏当局提供一套无线电收发报机的建议，将引起政治上的困难。此事将冒犯和激怒中国人，从而影响我们的对华关系。理由如下：

1. 1941 年 11 月，中国曾请求我们依照租借法案，分配并运送一套无线电收发报机给他们，我们没有答应此项要求。

2. 供应中国需要的设备问题，目前是一个非常敏感的问题。一年前，我们未能供应中国所要求的一套无线电收发报机，而现在供应给西藏一套相同的设备，必将引起中国的反感。

3. 中国政府主张对于西藏享有主权。因此，中国政府不可能乐于见到供应西藏无线电收发报机一类高效设备。尤其是中国政府对于此种收发报机及其收发的内容不可能有任何实际的控制，就更是如此。

4. 中国也许对于美国不时派遣“访问人员”前往西藏并无异议，甚或表示欢迎。但是，对于我们供应西藏任何可能被以某种方式用来反对中国的设备，是很难期望中国会表示赞同的。

因此，我们建议，提请战略服务局注意我们从对华关系角度提出的上述考虑，敦促他们放弃供应西藏一套无线电收发报机的提议，而代之以其他礼物。

1943 年 4 月 3 日，希斯再次与古德费洛通电话，把国务院远东司官员的意见转告战略服务局。希斯询问古德费洛，战略服务局是否希望收到国务院某种更加正式的意见？他还表示相信，假如战略服务局不准备放弃他们赠送西藏地方当局无线电收发设备的计划，国务院将会继续坚持他们的反对意见。古德费洛表示理解国务院在此问题上的考虑，但是争辩说：如果战略服务局赠送这样一套无线电收发报机给西藏，将来可能会给（派往西藏的）美国人提供方便。

事情的进展表明，战略服务局固执地坚持自己的意见。于是，有关争执在更高一层官员中展开。4 月 12 日，美国战略服务局局长多诺万亲自出面，致函国务院政治关系顾问贺百克：

我们收到我们在拉萨的两位代表发来的一封电报，转达西藏地方政府的一项要求，希望我们优先考虑准许其购置三部完整的可移动式无线电台，以便他们可以建立横贯西藏的通讯网。每部电台功率为 100 瓦特，全部设备价值 4500 美元。

如果能满足藏方的这一要求，西藏由东向西 1200 英里范围内将处于盟国的影响之下，并可逐步现代化。这是史无前例的。该地区在未来且将具有战略价值。

我们在新德里的代表和印度政府均已原则上同意此事。

我处现在存有他们要求的设备，愿意作为美国政府的礼物赠送西藏地方政府。我相信此举将对双方的关系发生有益的影响。我们已经向中国提供了价值超过 50000 美元的通讯器材。

转达西藏方面上述请求的我们在拉萨的两名代表，曾将美国总统的一封问候函递交达赖喇嘛，并受到隆重接待。

如果阁下同意我们的建议，我们将运送上述设备给我们在拉萨的代表，作为美国政府的礼物致赠西藏噶厦。

多诺万绰号野牛，行事任性，他与国务院以及军方其他部门的关系并不和谐。非常明显，他不顾国务院方面的劝阻，仍然坚持要把无线电台送给西藏，而且数量从 1 台增至 3 台，还为此罗列了种种理由。

首先，多诺万声称送给西藏 3 部无线电台，便可建立起横贯西藏的通讯网，并使这一在未来将具有战略价值的地区处于盟国的影响之下；其次，他对于艾其森的担心进行反驳，声称已经向中国提供了价值超过 50000 美元的通讯器材；最后，提及托尔斯泰和多兰在拉萨受到的接待，使得满足藏方的要求听起来合情合理。其实，多诺万关于运送无线电台给战略服务局在拉萨的代表的说法显然是在撒谎，因为此时距离托尔斯泰和多兰离开拉萨已经三周有余，多诺万不可能不知道。

多诺万的固执引起了美国国务院的重视。这一次，由美国国务院助理国务卿伯利（Adolf A. Berle, Jr.）出面，于 4 月 23 日再次否定了多诺万的建议：

> 如你所知，中国人认为西藏是属于中国的，而美国政府从未采取过任何与中国人的这一观点相抵触或漠视这一观点的行动。中国政府的感情对于我国和与整个战争努力相关的同盟国（United Nations）具有重要意义。因此，我们与西藏地方当局的任何联系或可能采取的任何对于西藏的行动，最好均避免无故地或无意中而得罪中国政府。鉴于以上事实，我们相信，当我们作为战争努力之一部分而向西藏供应无线电台时，应当确保此项措施不会冒犯中国人。我们建议，经由陆军部将此事交给史迪威将军处理。如果证实拟议中的措施经上述考虑后并无不妥，国务院建议，将此事作为一项军事工作，并据此作出决定。

事情至此，按说已经了结。但是多诺万后来仍然不顾国务院

美国驻华大使馆旧址

的反对，在 1943 年下半年把 3 部电台运到西藏拉萨，送给了噶厦。然而由于美国提供的与无线电台配套的汽油发动机在高海拔的西藏不能正常运转，这几部电台很长时间在拉萨难以投入使用。所以，当 1945 年英国人罗伯特·福特（Robert Ford）初次到达拉萨时，他见到的美国的无线电台还存放在“板条箱里”。1946 年 12 月，美军又奉命弄到 3 台柴油发电机，从加尔各答运送到噶伦堡，交给西藏地方当局。但是西藏地方当局仍然没有办法让这批来自太平洋彼岸的美国高科技设备正常运转。其中的另外一个原因，是他们一直没有培训出合格的电报员。

1943 年 6 月底，辞别拉萨的美国总统罗斯福的两位特使还在前往中国内地的途中，西藏“外交局”的索康就向英国人提出培训西藏学生的要求。7月2日被选定为藏族学生学习无线电技术的开学吉日。时值拉萨的夏季，在搭起的一个帐篷里，英国人雷金纳德·福克斯（Reginald Fox）受聘任教。这些学生都很努力用功，他们知道这是日后升迁的一个好机会。但是一年多之后，这次培养藏族无线电报员的尝试，因为学生厌学而基本上失败了。

印度1947年独立后，“英国驻拉萨使团”摇身一变成了“印度驻拉萨使团”。噶厦仍然没有自己的电报员，一度考虑雇用印度人，但是又找不到，只好把曾经来藏的福特再请回来。1949年，西藏和平解放前夕，福特为噶厦建立了广播电台。不久，藏方又雇用了从“印度驻拉萨使团”辞职的福克斯，令其负责拉萨的电台，并派福特到昌都建台。福特在昌都用上了美国的发电机，使用的便携式无线电台，则既有美国的，也有英国的。

1949年，当进藏的美国人托马斯父子在拉萨见到福克斯时，发现西藏地方当局的无线电台正在有效运行，可以监听北平、莫斯科、英国BBC和美国之音的广播。福克斯每天早晨向噶厦提供涉及西藏的要闻简报，下午则用藏、英、汉三种语言进行对外广播。夜间，他还用业余无线电的拉萨代码“AC4YN”与遍布全球的无线电爱好者通讯，并和多位从未谋面的美国短波无线电员成了朋友。但是直到西藏和平解放前夕，西藏地方当局建立起的连接拉萨—昌都—那曲之间的无线电报网，操作人员仍然离不开英国雇员福克斯和福特二人。当然，这两个英国人在那段特殊的时期所扮演的角色，也绝不仅仅是无线电电报员那么简单。

美国军方赠送西藏地方当局无线电台的目的，基本上没有达到。美国国务院作为政府的最高行政部门，对于这一涉及西藏地

The PLA Liberates Changtu

Chatting with PLA men, a Tibetan elder in Changtu clasp his palms as a sign of thanks to the PLA for the new life dawning on Tibet. Liberated on Oct. 19, Changtu is the gateway to Tibet in western Sikang.

One of the radio sets captured in Changtu. All of them bear the mark: "U.S. Army."

R. W. Ford, the Englishman arrested in Changtu charged with the political assassination of the Tibetan leader Geda.

Among the POW's are two Indian radio operators: P. Syakpa (triangle) and W. Tsharing (cross).

Some of the British-made weapons surrendered by Tibetan troops.

中国人民解放军解放昌都，英文期刊图片报道（1950 年），*People's China*，1951 年第 1 期。

位和中国主权的事件，开始时还是重视的，坚持了尊重中国领土主权完整，不干涉中国内政，避免冒犯中国的做法。但是后来对于多诺万的我行我素，美国国务院也并未予以认真纠正。这就在继托尔斯泰－多兰“使团”入藏事件之后，又一次在实际上损害了中国对于西藏的主权。

1950 年 10 月，昌都战役结束，英国电报员罗伯特·福特被俘，他使用的无线电台被缴获。福特后来在其所著《西藏被俘记》（*Captured in Tibet*）一书中叙述了自己这段不值得夸耀的经历。随着西藏的和平解放，外国人操控外国的电台，在中国的领土西藏明目张胆地从事分裂活动的日子，从此一去不复返了。

原载《中国西藏》2015 年第 3 期

第 11 章

雅鲁藏布江畔从天而降的驼峰机组

发源于喜马拉雅山北麓杰马央宗冰川的雅鲁藏布江，由西向东横贯西藏南部。流经西藏扎囊县境时，其北岸就是著名的桑耶寺。这里地近藏族的发祥地雅砻河谷，水面宽阔，江流平缓。千年古寺桑耶寺静静地矗立在雅鲁藏布江畔，苍鹰和各种候鸟从寺顶悠然飞过。多少个世纪以来，外部世界很少搅扰这里悠闲清静的生活。这一切，却在第二次世界大战后期骤然改变了。

在托尔斯泰－多兰使团离开拉萨、美国军方的无线电台运抵拉萨的 1943 年 11 月底，又一批美国人造访拉萨。与托尔斯泰和多兰一样，他们也是军方人员。但不一样的是，前者的访问代表了美国的最高当局，携带有总统的信函，是有计划的安排好的访问，而后者是飞越驼峰航线的美军飞行员，造访拉萨纯属意外，事先毫无准备；前者是从陆路经由英属印度和锡金而来的远方访客，后者却是从天而降的不速之客。他们就是罗伯特·克罗泽（Robert Crozier）机组的5名美国飞行员（除机长外，还有哈罗德·麦克凯伦 Harold McCallum，肯尼思·斯潘塞 Kenneth Spencer，约翰·赫夫曼 John Huffman，威廉·佩兰 William Perram）。5名机组成员中年龄最大的27岁，最小的只有19岁。

二战时国民政府给每位协助中国抗日的外国飞行员配发的印有中文的“血幅”，上书：“来华助战洋人（国别），军民一体救护”字样。（图片来自网络）

当年，罗伯特·克罗泽机组的5名飞行员驾驶着一架C-87运输机，在完成了例行的运输任务之后，从中国云南昆明的巫家坝机场返回印度的焦尔哈德（Jorhat）基地，不幸在途中遭到强气流袭击，远远偏离正常航线，最后燃油耗尽，坠毁在西藏山南的桑耶寺附近。成功跳伞降落后，他们得到当地藏民救助，并经西藏地方当局安排被接到拉萨，得到国民政府蒙藏委员会驻藏办事处和西藏地方当局的友好接待，在拉萨停留数日身体康复之后，经由印度返回美国。他们的传奇经历，给美国人民提供了又一个了解西藏的机会，也让西藏僧俗又一次接触到帮助中国抗日的美国人，加深了对美国的了解。

5 名驼峰机组人员和一位不知名的藏族人，1943 年 12 月摄于拉萨。

驼峰航线是第二次世界大战后期中美联合开辟的一条为中国抵抗日本侵略提供战争物资的空中运输线。航线全长 800 余公里，起点为印度阿萨姆邦的汀江等十余个机场，终点为中国昆明的巫家坝等 6 个机场。航线西起印度阿萨姆邦，向东跨越喜马拉雅山、高黎贡山、横断山、萨尔温江、怒江、澜沧江、金沙江、进入中国的云南和四川，将战略物资运抵昆明、宜宾、泸州、重庆等地，再转运到抗日前线。整条航线穿行于缅甸北部与中国青藏高原的西南部，起点和终点海拔低，中段途经地区海拔在 4500—5500 米之间，最高达 7000 米，航线状如驼峰，由此得名“驼峰航线”。往返航线的是当时美国主要装备机型 DC-3、DC-46、DC-47 和 C-87 等。

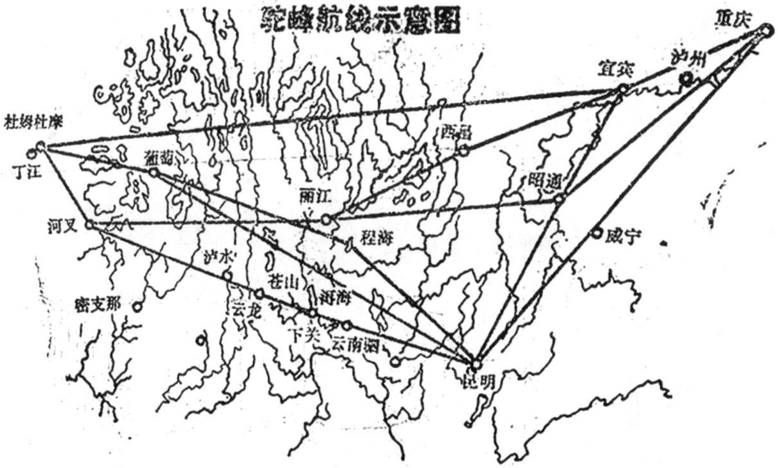

驼峰航线示意图（图片来自网络）

“驼峰航线”空运是世界战争空运史上持续时间最长、条件最艰苦、付出代价最大的一场悲壮的空运。航线穿过高山雪峰、峡谷冰川和热带丛林、亚热带原始森林，以及日军占领区，气候条件恶劣，强气流、低气压和冰雹、霜冻使飞机在飞行中随时面临坠毁和撞山的危险。加之缺少合适的导航设备与无线电信标以及受过训练的导航员，飞行员大都飞行训练时间很短，对在恶劣条件下驾驶多引擎运输机几乎没有经验，等等，所有这些，都使得驼峰航线对于盟军飞行人员而言成为近乎自杀式的航程。但是中国和美国飞行员还是坚持驾驶重载的飞机在驼峰航线上日夜飞行。运输机时刻不停地从印度北部的机场起飞，在 800 余公里外的中国机场之一降落。有些疲劳不堪的机组成员一天可飞到 3 次往返之多。除了糟糕的天气和不时发生的机械故障，缺少防备的

一架 C-87 解放者运输机在某机场上空（图片来自网络）

运输机偶尔还会遭到日军战斗机的攻击。曾经发生过驾驶 C-46 的美国飞行员遭遇日军战斗机，在绝望中用勃朗宁自动步枪向战斗机舱窗射击杀死日本飞行员的故事。

在 1942—1945 年长达 3 年的艰苦飞行中，中美双方先后投入飞机 2100 余架，84000 余人，运送战争物资 85 万吨、战斗人员 33477 人。共损失飞机 600 余架，运输机的损失率高达 30%。2000 余名中美飞行员英勇牺牲。

战争后期，人们发现，在喜马拉雅山南麓一些飞机坠毁最集中的地段，飞机的残骸居然连绵 100 多公里。散落在地的飞机铝

驼峰航线中国境内某机场（图片来自网络）

片反射着阳光，十分耀眼，美军给这一地段起了一个非常残酷的名字——“铝谷”——布满飞机残骸铝片的山谷。至今仍有许多坠机残骸散落在航线沿途的崇山峻岭间。那些牺牲的美国飞行员，在中华民族最危险的时候，把他们宝贵的生命献给了中国人民抗击日本侵略者的正义事业。当我们今天纪念中国人民抗日战争暨世界反法西斯战争胜利之际，每一个中国人都会对他们表示崇敬和缅怀。

克罗泽机组驾驶的 C-87 运输机，系由 B-24 型轰炸机“空中堡垒”（Consolidated Liberator）改装而来。这种名为“解放者快车”（Liberator Express）的运输机并非驼峰航线的主力机型，于

加强型 C-87“解放者快车运输机 Liberator Express”侧视图（图片来自网络）

1942 年 12 月开始投入驼峰航线，最高速度 303 英里 / 小时，最大升限 32000 英尺，最大航程 2850 英里，载重可达 12000 磅，约合 5 吨。其较强的高空飞行能力使其能够直接飞越比较低的山峰，无须穿行危险的山隘。尽管 C-87 有 4 个引擎，但是这种飞机的事故率较高且不适用于当时所用的机场，满载时爬升性能差，可能在重载起飞时因引擎熄火而坠毁，在高空即使遭遇较轻的结冰状况也容易失去控制。印度某机场曾经一天内发生过 4 次坠机事故，其中两架就是 C-87。因此，这是一种不受飞行员喜爱的机型。

1943 年 11 月 30 日下午 4 时许，克罗泽机组驾机从昆明升空，飞往印度的焦尔哈特机场。按照不久前发布的新规，机上携带的航油不得超过 1200 加仑。道理很简单，驼峰航线的目的就是为了向中国抗战后方运送战争物资，哪能把好不容易运来的燃油再运回去！飞往印度正常消耗也要 800 加仑。这就意味着他们的航行不能出现太大的偏航。但是克罗泽机组偏偏就赶上了风暴。

起飞后不久夜幕降临，他们只能凭地面的无线电导航信号和经验向西飞行。突如其来的风暴把他们的飞机向北大大地吹偏了正常航线，以至于失去了导航信号。本来 3 个小时的航行，他们飞了 4 个多小时，依然找不到基地，最后与昆明、焦尔哈特都失去了联系，完全不知道飞到了哪里。在燃油耗尽之前，23 岁的机长克罗泽决定机组人员跳伞逃生。

Mayday！ Mayday！ Mayday！弃机之前，无线电报务员斯潘塞发出了最后的求救信号。5 个年轻人从运输机的尾部鱼贯而出，拉开伞绳——这是他们有生以来的第一次跳伞，此前的所有跳伞训练都是“纸上谈兵”。还好，他们并没有按照教程规范数到“十”再拉开伞绳。否则，他们可能就没有生还的机会了。最后一个跳伞的佩兰，只在空中停留了不到半分钟，降落伞是在距离地面不足 200 米处打开的。

一架飞机在西藏山南桑耶寺附近失事的消息，两天后才传到拉萨。奥地利人海因利希·哈勒（Heinrich Harrer）当时正在拉萨，他在他的《在藏七年》(*Seven Years in Tibet*）一书中记述了此事：

> 有一天夜里，拉萨的上空突然响起了隆隆的马达声。两天之后从桑耶传来了五名美国人在那里跳伞降落的消息。……他们的飞机完全迷失了航向，机翼擦到了念青唐古拉山的雪峰上。此后他们返航，但汽油不够了。于是他们就决定弃机跳伞。一两个人扭伤了脚踝，另一人折断了胳膊，其余三个人安然无恙。在拉萨稍作停留之

后，他们便被政府用西藏最舒适的交通工具——马，送到印度边境。

当时也有藏民见到了这架从天而降的飞机：

一天晚上，一架飞机从彭波郭拉（拉萨以北林周县境内一座山口）上空向南飞，机翼上的红色闪灯在夜空中显得尤为明亮，一路上把地面向天空张望的老百姓吓了一大跳，……很多小孩都抱着大人望着天空惊愕地大哭。此后不久，（当地藏族人）国琼啦的叔父在桑耶寺附近发现过这架坠落的飞机，有些勇敢的当地百姓还上去往这个巨大的怪物身上用十字镐和斧头砍了几个窟窿。此后不久国琼啦的叔父又在拉萨扎吉附近看见过这架失事飞机的机头被孤零零地扔在地上，他估计有人从桑耶把这个家伙运到拉萨来了。

古代并无飞机，藏语中当然也就没有这个词。近代藏语中的飞机一词，直译为汉语是“空中之船”的意思。显然，当晚见到飞机的藏族人认为这是个不祥之物。而长期以来，西藏地方当局也并不允许任何飞机一类的飞行物飞过西藏，特别是拉萨地区。1934 年，国民政府派黄慕松进藏为十三世达赖喇嘛致祭。次年，为了抵消黄慕松一行的影响，英属印度政府派出锡金政治官威廉森进藏。从仲夏到深秋，威廉森在拉萨一住数月，积劳成疾。英方提出派飞机前往拉萨将其接回，请求西藏地方当局允许在色拉寺下面的一片平地上停降飞机。西藏地方当局因为一直拒绝中央政府开通内地与西藏航线的要求，自然不肯开此先例。1935年11月中旬，威廉森病故于拉萨。其实，当时即便是西藏地方当局同意英方派飞机来，也是枉然，因为那时英国皇家空军的飞机还无法在拉萨的海拔高度降落和起飞。

克罗泽机组驾驶的飞机成为有史以来第一架飞过拉萨一带上空的人类飞行器。他们跳伞降落在西藏人口稠密的山南地区雅鲁藏布江畔，而不是人烟稀少的雪山荒原之上，已是不幸中之大幸。成功跳伞逃生之后，他们并不知道自己的方位。冬季的藏南入夜后气温骤降，他们在惊恐孤寂中用降落伞裹着身躯御寒，静候天明，再寻找附近的村落和居民。两天后，他们终于遇到了藏民。当地百姓把3个在一起的美国人送到了附近的泽当。又过了两天，另外两人也到了泽当。他们5个人中2人摔伤较重，但并无生命危险。大难不死，会合一处，喜出望外。

然而，他们的从天而降却给当地藏民添了麻烦。语言不通，头人先是提供了羊奶和土豆让他们填饱肚子，而后又揣测他们的手势给了他们香烟。直到一位懂印地语和英语的商人出现，他们才让村民了解了自己的身份，也才知道他们此时是在中国的西藏。头人马上派人去拉萨报告，同时告诉他们虽可在村子附近活动，但是不得擅自离开。

西藏？那不就是小说《失落的地平线》（*Lost Horizon*）中的香格里拉吗！1933年，英国作家詹姆斯·希尔顿（James Hilton）写了这部虚构的小说，用优美的文笔向世人描绘了青藏高原上一个东方中国的世外桃源，他把这个美丽的地方称作“香格里拉”。

但是他们今天身边的景象却与小说中的描绘有天壤之别。村子里几乎全是土墙土房，小孩子光着脚，头发乱蓬蓬脏兮兮的，大人们也多是衣衫褴褛。看上去村民们穷得家徒四壁，但是这些善良纯朴的藏民还是尽其所能救助了他们，这让 5 个美国人感念不已。他们急于早日返回印度的基地，日复一日地等待拉萨的回音。

在泽当四处闲逛期间，还闹出不少笑话。一天，建筑物上的“卍”字符把他们吓了一跳，以为在西藏还有纳粹德国的控制区。后来才弄清楚，此“卍”字符是佛教的符号，与纳粹的“卐”相反，完全是两回事。有时候他们外出时，几乎整个村子的人都会跟在后面，如同观赏珍稀物种，还有人对着他们鼓掌。起初他们以为是表示欢迎和善意，后来才明白，当地百姓并不喜欢他们这样高鼻深目的“洋人”，是在用当地的风俗诅咒他们。在泽当，他们一住 9 天。辞行之日，不仅大批村民前来送行，雅鲁藏布江对岸桑耶寺上千的僧人也隔江相望——他们想看看这几个沿着天梯从天而降的人是啥模样，竟然像千年传说中的肩座王聂赤赞普一样来到此地！

西藏地方当局接获消息后，不知他们是何方神圣，一时间也十分紧张。当时参加援助中国抗日的美国飞行员都在飞行夹克里缝制有求生布条，被称作“血幅”（Blood Chit），上半部分是中华民国的青天白日旗，下面写着“來華助戰洋人，軍民一體救護”字样，以便一旦飞机失事，不通华语的飞行员可以得到当地中国军民的救助。这个布条上的字样，使得最初接获消息的西藏官员一度怀疑他们驾驶的是中国内地的飞机。这个消息也让蒙藏委员会驻藏办事处处长孔庆宗忐忑不安。这是因为，1943 年中央与西藏地方当局的关系相当紧张，以至于蒋介石曾调动军队，并且就在当年的 5 月放言，假如西藏地方当局勾结日本，将“立派机飞藏轰炸”。失事的如果是内地飞机，他这个国民政府蒙藏委员会驻藏办事处处长的麻烦可就大了。

孔庆宗的反应甚为迅速，马上派人前往泽当打探情况。他的部下甚至在噶厦和“英国驻拉萨使团”的负责人谢里夫（George Sheriff，1943 年 4 月接替卢德洛）派出的人之前抵达泽当，又先期返回拉萨，向孔庆宗报告了这 5 个人的真实身份。当西藏噶厦派人将这 5 个美国飞行员接到拉萨之际，又是孔庆宗先期准备，在拉萨东郊为他们安排了一个欢迎仪式，而后在拉萨市中心八廓

卢德洛与孔庆宗及从人合影，1942—1943 年摄于拉萨。（英国国家图书馆）

街的驻藏办事处驻地接待了他们。

欢迎仪式在当时的拉萨可算得热烈而又隆重。在临时搭起的一顶大帐篷里，布置了藏式的卡垫。仪式上，孔庆宗先是代表国民政府致欢迎词、献哈达，而后给了每位飞行员一笔零用钱，接着宴会开始，南非的白兰地和拉萨当地的青稞酒以及罐头糖果等等，一应俱全。孔庆宗每一次为中美两国的友谊和罗斯福总统的健康干杯，克罗泽等 5 位美国飞行员就礼貌地为中国抗战的胜利和蒋介石委员长的健康干杯。如此一而再，再而三，让他们喝了不少酒。而后，驻藏办事处的人找来了骡子请他们骑上进城。1943 年 12 月 15 日下午 5 时许，他们终于来到了名闻遐迩的拉萨城。

八廓街的人们都从家中出来了。孩子们高兴地跑来跑去，但是一些成年人却明显地露出敌意。甚至有人向他们扔土块儿打石头。孔庆宗和手下人护着他们，匆匆进入驻藏办事处。他们后来才知道，这里的人是见过洋人的。当年荣赫鹏率领英国侵略军一路打进拉萨，逼签协议，不过是 40 年前的事！拉萨人恨他们，当然，一般人也分辨不清英国人和美国人。在八廓街，他们也再一次目睹了身边的“脏乱差”。大昭寺的金顶之下，寺墙之外，大部分房屋仍然是土房子，街道上垃圾遍地，狗和乌鸦从垃圾中啄食。男男女女就在路边便溺，成群的乞丐衣衫褴褛，向周围的行人讨要食物和零钱……所有这些都让他们相信，这里没有香格里拉！当时正值西藏地方当局亟谋“西藏独立”之际，且逢“托尔斯泰－多兰使团”造访拉萨离去不久，又一批美国人突然从天而降，在仅有 3 万多人的拉萨引起了不小的风波。后来，5 名美国飞行员被安顿在德吉林卡“英国驻拉萨使团”的住地。逗留数日之后，他们于 12 月 20 日离开拉萨，经由曲水、日喀则、江孜和亚东抵达印度。途中，当时正在后藏朝佛、考察的汉族僧人邢肃芝（洛桑珍珠）还遇见了他们当中的 3 个人。

返国之后，考虑到今后在驼峰航线上仍然可能发生类似的情况，或许还鉴于托尔斯泰此前擅自表示支持西藏谋求“独立”的鲁莽做法给战时的中美关系造成了麻烦，美国空军运输司令部（the United States' Air Force Transport Command）专门下发了一份名为“西藏行为规范（*Dont's and Do's for Tibet*）”的文件，除了规定不要向藏族人展示中国国旗、对于藏族的宗教信仰和风俗习惯不要大惊小怪、不要随便杀生、尽量避免让藏族人知道自己携带着武器等等之外，其中一条专门规定“不要对在西藏遇到的属于任何一个民族的人表示偏好，以同样的态度对待所有人”。

驼峰机组的 5 名美国飞行员走了。从迫降山南，到辞别拉萨，他们前前后后在西藏待了 3 个星期。次年，一名美国记者阿奇博尔德·斯蒂尔访问拉萨。再过一年，1945 年，中国人民的抗日战争获得了最后的胜利，第二次世界大战也结束了。1942—1945 年，二战最后的三年间，从托尔斯泰和多兰开始，3 批共 8 位美国人到访拉萨，超过了以往数十年间有记载的来拉萨美国人的总数。他们从地上来，从空中来，带来了更大范围外部世界的信息和无线电、飞机这样的现代先进的工业技术，对西藏民众产生了极大影响。即便对于西藏的旧贵族来说，千年未有之大变局已经不可抗拒，再想自我封闭已不可能。数年之后，西藏地方当局自己就派出了一个“商务代表团”为游说“西藏独立”而到印度和英美各国，随之又在新中国成立前后为阻止西藏的和平解放而向英美乞援。坠落在雅鲁藏布江畔的驼峰机组，成为从天而降的一个预兆，预示着千百年来与世隔绝的旧西藏就要完结了，一个人民翻身当家做主的新西藏将随着新中国的诞生而出现在青藏高原之上。

原载《中国西藏》2015 年第 5 期

第 12 章

美国记者阿奇博尔德·斯蒂尔的拉萨之行

阿奇博尔德·斯蒂尔（Archibald T. Steele，1903—1992 年），原籍加拿大，12 岁时随父母迁往美国西部，后来毕业于著名的斯坦福大学，开始了他的记者生涯。“9·18 事变”发生后，他先到中国东北报道那里人民的抗日救亡运动，后来又在上海报道过蔡廷锴将军领导的十九路军抗击日寇的“1·28 事变”（淞沪抗战），并因此而崭露头角，成为 20 世纪上半叶活跃于中国的一名美国记者。

斯蒂尔在中国的经历富有传奇色彩。1937 年全面抗战爆发，当年年底，南京失陷。他目睹了日寇在南京进行的兽性屠杀，并且冒着生命危险成为报道南京大屠杀的第一位西方记者。此后，这位声名鹊起的美国记者先后在战时陪都重庆采访蒋介石，多次前往延安采访毛泽东和中共其他领导人。其间，还曾于1944年前往西藏游历。可以说，他的足迹遍及大半个中国。回国之后，他撰写了《美国人民与中国》（*The American People and China*）一书。他辞世之后，比阿丽特·贝克（Beatrice V. Baker）女士编著了《在达赖喇嘛的王国》（*In the Kingdom of the Dalai Lama*）一书。该书的前一部分内容是1944年斯蒂尔访问西藏后撰写的一组报道，曾经刊载于美国《芝加哥每日论坛》（*the Chicago Daily News*）上。这组报道对于西方人，特别是美国读者了解中国西藏有所助益。

第二次世界大战后期斯蒂尔的西藏之行困难重重。在他之前，到过拉萨的美国人屈指可数。与那时大多数进藏的西方人士一样，他是经由英属印度往返西藏的，也是我们知道的第二次世界大战期间造访拉萨的最后一

阿奇博尔德·斯蒂尔与拉木登珠（尚未坐床的十三世达赖喇嘛的转世灵童），1939年摄于青海塔尔寺。（罗杰提供）

《在达赖喇嘛的王国》封面

位美国人。太平洋战争爆发后，由于战争的进展和驼峰航线的开辟，西藏日益引起美国军方的兴趣。1942—1943 年，托尔斯泰 - 多兰携带美国总统罗斯福致达赖喇嘛、西藏摄政的信函和礼物由印度入藏，经由青海藏区返回内地。1943 年 11 月底，在驼峰航线执行运输任务的罗伯特·克罗泽机组的 5 名美国飞行员驾机坠毁在西藏山南的泽当附近，后经由印度返回美国。尽管这两批军方人员给美国人民提供了了解西藏的机会，但是其事迹很长时间并不为外界所知。由于斯蒂尔是一位记者，当时就把他的西藏经历公之于媒体，其影响显然要比前述两批美国人更大些。

第二次世界大战期间的拉萨，政局波诡云谲。既有中国国民政府蒙藏委员会派出的驻藏办事处为维护国家主权而努力，又有“英国驻拉萨使团”支持西藏地方当局的分裂行径、监督国民政府驻藏办事处的活动。斯蒂尔就是在英属印度驻锡金政治官古德的陪伴下，与蒋介石派出的新任驻藏办事处处长沈宗濂在同一星期内先后抵达拉萨的。

当时的“英国驻拉萨使团”由多年在藏的黎吉生负责。他按期编写“拉萨每周要报”寄给他的上司古德，再经由英印政府上报伦敦。这些周报记载了古德如何从甘托克、亚东、江孜一路陪伴斯蒂尔，于 1944 年 8 月上旬抵达拉萨和在拉萨活动的情况。黎吉生此前在重庆任职时就认识了这位《芝加哥每日论坛》的著名记者。由于古德和黎吉生的赞同和帮助，英方出面为其“获得”了西藏地方当局的入藏许可，并为其在拉萨的采访探查提供种种方便。当然，同时也要监视他的活动。英国人指望，这位重量级的美国记者在访问了拉萨之后，会给他的美国同胞提供有关西藏真实地位的描述，以“教育”美国人。斯蒂尔在拉萨逗留了数周之后，于9月13日离开拉萨前往印度。后来他的关于西藏的报道在《芝加哥每日论坛》连载刊出后，受到英方的高度关注。

这组报道的一些内容尚属客观。例如，亲往西藏采访报道的斯蒂尔“发现”，“实际上有两个西藏（There are really two Tibets）”，一个是当时处于西藏地方政府实际管辖之下的西藏，即“拉萨控制的西藏（Lhasa-controlled Tibet）”，另一个是上述“西藏”加上甘青川滇等处的藏族聚居区的全部中国藏族地区。西藏噶厦政府的行政管辖根本不曾达到前一个“西藏”之外。

如今越来越多对于中国历史有所了解的中外人士都渐渐清楚，英文Chinese实际上有“中国（人）的”和“汉人（汉语）的”这样双重的含义，而“China”在近代曾经被某些西方人错误地认为只是讲汉语的中国人所居之地。20世纪上半叶，还有所谓“中国本部（China proper）”的说法，所指即为中国的东部和中部。同一时期，也有所谓“西藏本部（Tibet proper）”的说法。其实，英文Tibetan也有“西藏（人）的”和“藏族人（藏语）的”这样双重的含义，只是一般西方人多不察觉，以为凡操藏语之藏族人居住之地，即为Tibet。然而，客观严谨的西方学者则在辛亥革命之前就十分清楚，“中国本部”之外的这些地方，虽然在（China proper）之外，却是在中华帝国（Chinese Empire）之内；而英文中的Tibet，与汉文中的西藏并不是完全对等的概念。至于后来帝国主义分子和内外分裂势力借此混淆视听，主张什么“西藏独立”“大藏区”，则是另外的问题了。斯蒂尔作为一名西方记者，也发现了“两个西藏”并且告诉外部世界，是值得肯定的。

谈到在拉萨的见闻，斯蒂尔说，他“两个月中见到的唯一轮子，就是“英国驻拉萨使团”的一位信差骑的自行车。这东西在20世纪40年代的拉萨是如此之新奇，以至于它穿行在拉萨街市时，路人都会驻足观看”。对于西藏的教育，他也有记述：“西藏的学校很少，且基本上处于寺庙的影响之下。读写几乎是学校教授的唯一科目，而阅读的内容也主要是宗教方面的。”他接着说，“藏族人对于外部世界的历史和地理没有什么概念。对于大多数藏族人而言，美国不过是大洋彼岸的一个模糊的大国，有些人则根本没有听说过。我与之在拉萨交谈过的藏族人中，没有任何人知道有谁去过美国。个别官员会礼节性地对我说，他们乐于去美国看看。”

阿奇博尔德·斯蒂尔与某护法合影

以其记者的敏锐，斯蒂尔还注意到，在西方广为流传的神话中的“香格里拉 Shangri-la”，在美国的知名度比在西藏还要高。藏族人从来没有听说过香格里拉，但是他们有自己神奇的“香巴拉 Shambala”仙境的传说，并且认为“香巴拉”就在藏北的什么

毛泽东与阿奇博尔德·斯蒂尔、博斯哈德合影。(1938 年 8 月摄于延安)

地方。至于现实中的西藏，其社会制度近乎中世纪欧洲的封建制，西藏地方政府的一大特色是半僧半俗。俗官全部是从现任官员的儿子亦即贵族家庭中征召的；僧官则出自寺院的僧人。他们的出身和品级给了他们特权。

斯蒂尔从印度进藏，又经印度返回。两年后的 1946 年 9 月，他又作为美国《纽约先驱论坛报》的记者访问延安。毛泽东会见了他，与他的交谈后以《美国“调解”真相和中国内战前途——和美国记者斯蒂尔的谈话》为题收入《毛泽东选集》。这次访问之后不久，斯蒂尔离开了中国。

第二次世界大战是中美两国人民有史以来第一次结盟与共同的敌人并肩作战。这场抗击日本军国主义的正义战争，极大地增进了两国人民的相互了解，也使两国人民结下了友谊。托尔斯泰－多兰使团、罗伯特·克罗泽机组，以及美国记者阿奇博尔德·斯蒂尔等几批美国人在战争条件下的拉萨之行，增进了美国对于中国西藏的了解和西藏部分僧俗上层对于美国的了解。美国对于西藏问题的态度，也影响到战时的中美关系和西藏问题的后来发展。

在对于西藏地位的认识上，当时美国官方的观点与民间以及学术界是基本相同的，也是互为影响的。1942 年美国政府的官方文件《中国的战争潜力评估》(*China's War Potential: Estimate*)把西藏列入中国领土，美国政府的官方地图一直把西藏划入中国版图之内。第二次世界大战期间，美国国务院还曾专门发出指示，要求非官方的地图出版机构在出版涉及中国的地图时注意，不要由于错误地描述中国领土而引起中方的不满，因而影响美国与中国的关系。当时和以后美国官方的地图，同样一直把西藏作为中国领土的一部分。美国官方和民间对于西藏地位的这种认识，以及政府行政部门避免在西藏问题上干涉中国内政的做法，也赢得了中国人的认可和好感。

中国改革开放之初的 1978 年，邓小平接见了再度访华的斯蒂尔。在介绍了中国粉碎“四人帮”以后的情况以及自己对于中美关系的看法后，邓小平谈到了西藏。《邓小平年谱》中写道：

1978 年 11 月 28 日上午，(邓)会见美国友好人士斯蒂尔。……在谈到西藏问题时说：毛主席曾经采取了照顾西藏特殊条件的政策。人民解放军解放西藏，但那里还存在达赖喇嘛的农奴社会。那时我们就跟达赖喇嘛说，西藏地区在相当长的一段时间内不搞土地改革。我们履行了这个诺言。一直到达赖喇嘛跑了，我们才搞了土地改革。达赖可以回来，但他要作为中国公民，现在还叫“独立国的领袖”行吗？对于台湾和西藏的上层人士，我们的要求就一个：爱国。而且我们提出爱国不分先后。

邓小平和斯蒂尔谈西藏，显然是因为后者在几十年前曾经到过西藏。然而，斯蒂尔后来附和美国和西方反华势力的观点，妄称“中国对于西藏的主权要求没有历史文件作证，不过是痴人说梦 。

作为一名记者，斯蒂尔是坚持新闻的真实性的。不知这位后来再未去过西藏的美国著名记者，何以得出自己的上述结论。如果联系到他在 20 世纪 30 年代之初对于伪满洲国的吹捧和称道，读者不难发现，这位名噪一时的美国记者曾经不止一次地站在了历史的错误一面。而他晚年在涉藏问题上对于中国内政的干涉，也反映出了一部分美国媒体人对于中国的偏见和无知。

原载《中国西藏》2014 年第 5 期

第 13 章

西藏商务代表团的美国之行

第二次世界大战结束后，冷战开始，美国干涉中国内政，帮助蒋介石打内战。美国政府本来预期可以帮助蒋介石政权消灭中国共产党，却没有料到中国的政局在短短几年间发生了迅速的变化。当以蒋介石为首的南京政府在中国大陆的统治日益显现出危机之际，美国政府对于中国西藏地位的态度也开始逐渐发生变化。美国一面在正式外交场合不得不继续承认西藏是中国的一部分，一面却在半遮半掩地鼓动和支持西藏地方当局图谋“西藏独立”的活动，考虑改变其传统的西藏政策和对于西藏地位的态度。这种转变，是从 1947 年，也就是中国人民的解放战争从战略防御转入战略进攻的时候开始的，至 1949 年《露丝 · 培根备忘录》[*Memorandum by Miss Ruth E. Bacon of the Office of Far Eastern*

西藏商务代表团在纽约，1948 年。（图片来自网络）

Affairs to the Chief of the Division of Chines (Affuirs) Sprous］的提出而形成了基本原则。1947—1948 年，由孜本夏格巴率领的“西藏商务代表团”的欧美之行，为这一转变提供了契机。而美国对于“西藏商务代表团”的接待，则清晰地反映出美国政府准备改变其西藏政策的迹象。

对于西藏地方当局来说，“西藏商务代表团”以“商务”为名，然而，其主要目的却并不在商务，而在政治，在于向世界表明西藏的“独立”。与战后西方的头号强国美国建立直接联系，为从事“西藏独立”的活动争取美国的支持，是“西藏商务代表团”1947年出访欧美的一个最为重要的目的。代表团的组建和“出访”，经过了相当长时间的准备。介绍该团的情况，不能不首先概括地介绍当时的历史背景。

第二次世界大战把西藏带入了风云变幻的国际政治格局中，同时使得西藏地方当局内部的一部分官员，特别是俗官，对于国际形势有了更多的了解。战争期间美国政府派出的托尔斯泰－多兰“使团”，不仅开阔了西藏地方当局的眼界，尤其使这个封闭落后的政权对于英国之外的另一个实力远远超过英国的西方强国——美国——有了新的认识。美国总统和十四世达赖喇嘛交换了信件和礼物。而国民政府除了在1943年前后曾经一度试图打破僵局，恢复中央政府与西藏的领属关系之外，再也无暇西顾。国内外形势的发展变化，为西藏内部的分裂势力从事“西藏独立”活动提供了适宜的条件。西藏地方当局加紧进行争取“西藏独立”的活动。在大英帝国战后走向衰落的形势下，西藏地方当局越来越重视美国的影响和作用，千方百计与这个西方世界的头号强国建立联系，以便在将来获得美国对于“西藏独立”的支持。

出于上述考虑，还在第二次世界大战结束后不久，达赖喇嘛、摄政大札和噶厦政府就曾致信美国总统杜鲁门，希望加强“两个政府”之间的联系。发自拉萨的这三封信件，签署的日期是1946年1月初，由西藏地方当局派往南京的所谓“慰问同盟国代表团”在途经新德里时面交美国驻印度大馆临时代办乔治·梅里尔（George Merrell）。梅里尔对于西藏地方当局发展与美国关系的主动表示颇为重视，建议国务院对西藏方面的信件给予礼貌的答复，并批准借此机会再度派员入藏。

梅里尔认为，西藏在意识形态上和地理上都具有无法估价的重要性。位于亚洲大陆中心的西藏受到苏联扩张主义的威胁，并且处于中国和印度两个亚洲人口大国之间。藏族人可能比任何亚洲人都更加渴望抵制苏联或其他“破坏性势力”的影响。西藏地区处于政治上极不稳定和受到苏联“侵略计划”威胁的周边地区的包围之中，而藏族人的保守和对于藏传佛教的虔诚信仰，与其政府相对有力的统治相结合，在相当广阔的区域内形成了一个比较稳固的局面。

接着，梅里尔谈到了与西藏地方当局礼尚往来的军事方面的考虑。他说：

> 尽管美国希望与那些在未来几年内将会最终掌握政权的印度（当时尚未独立）、缅甸、印度支那和中国的政府保持友好关系，但是上述政权有可能采取对美国不友好的态度。亚洲的动荡局势使得我们担心，也许有一天，美国将不得不再度派兵前往亚洲。果然如此，西藏就能为美国提供惟一的一个可以建设导弹发射场的广大地区。出于宗教原因，目前藏族人可能不愿意看见在他们境内出现导弹发射场。但是我相信，假如他们意识到，保持其独立与导弹发射场的建设是联系在一起的话，他们就会改变目前的态度。

这里需要指出的是，把“独立”与西藏联系在一起，在美国政府的文件中可能是第一次。

梅里尔的结论是，西藏可以被视为在亚洲抵制共产主义传播的堡垒，或者至少是政局动荡的汪洋大海中一个保守主义的岛屿。美国方面的友好姿态，将会在较长时期鼓励西藏抗击苏联，或抵制共产主义对于西藏高原的渗透。在火箭战争的时代，西藏有可能被证明是亚洲最为重要的地区。考虑到中国国民党政权的现状及其未来的不确定性，梅里尔认为：

> 我们的政府抓住目前时机，向藏族人明确地表示我们的友谊，要比过分地顾虑中国现政权对我们这样做所提出的异议，重要得多。

最后，乔治·梅里尔还对如何具体安排美国官员访问拉萨提出了自己的建议。

然而，美国副国务卿迪安·艾奇逊（Dean Acheson）在其4月中旬的复函中，给梅里尔泼了冷水。迪安·艾奇逊告诉梅里尔，国务院与陆军部的官员进行了讨论，得知后者并不认为西藏的战略地位像他所说的那样重要：

> 美国政府希望西藏当局和人民视美国为一个友好而善意的国家，并且希望获悉该地区（Region）形势发展的重要趋势。我们正在草拟由总统签署的给西藏当局的复函。你可以从德里经由现存的联系渠道寄交上述复函。在有适当人员和经费许可的前提下，我们并不反对

由（美国）外交官对于西藏地区（Tibetan area）进行临时访问。但是在目前形势下，这种访问应该是谨慎的和非官方的。

迪安·艾奇逊所说的美国总统给西藏地方当局的复函，后来根本没有寄出。十分明显，国务院考虑到中美关系的大局，考虑到当时与南京政府的关系，搁置了乔治·梅里尔的动议。

1947年，中国政局和世界形势继续变化，继续对西藏发生影响。同年3月，西藏地方当局派代表应邀参加了在印度召开的“泛亚洲会议”。会上，西藏地方当局图谋“独立”的活动更加公开化，其代表甚至带去了“雪山狮子旗”作为“国旗”。而当时尚未正式独立的印度也明显地表现出对于西藏地方当局分裂活动的支持倾向。“西藏商务代表团”就是在这样的形势下组建的。1947年下半年，在一年前的去信没有下文的情况下，西藏地方当局向美国驻印度大使提出了派遣“西藏商务代表团”前往美国的要求。

“西藏商务代表团”由噶厦政府的孜本夏格巴率领，其他成员是强钦巴·土登泽贝、邦达瓦·洛桑央培（即邦达养壁）和索康色·拉旺多杰等人。夏格巴一行于1947年10月15日离开拉萨，前往印度。动身离藏之前，由西藏“外交部”出面，致信美国驻印度大使，请其将夏格巴一行准备访美之事转告美国政府。为了向国际社会表明西藏的所谓“独立”，噶厦政府为该团的成员印发了西藏的“护照”，指令他们在旅途中尽量使用这种“护照”。后来，正是由于“护照”和与之相关的签证问题，引发了中美之间关于西藏问题的交涉。

12 月 23 日，夏格巴一行抵达新德里。中国驻印度大使馆因为对夏格巴一行的真实意图已经有所了解，乃由罗家伦大使出面，向印度总理尼赫鲁提出交涉，要求印方拒绝承认西藏地方当局自行印发的“护照”。1948 年 1 月 8 日，中国驻印度大使罗家伦电告南京：西藏商务代表团“自发护照事，经与印政府及有关各使馆商洽就绪，彼无法不经本馆同意取得签证，故知难而退，决定先回中国，已于（1948 年 1 月）7 日离德里赴加城候机转昆明，再来南京。”

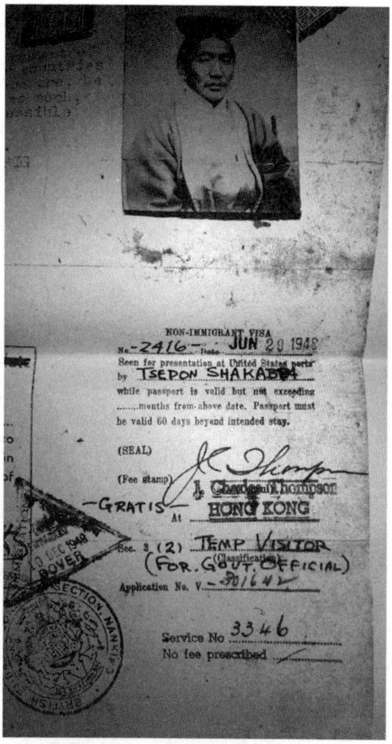

孜本夏格巴 1948 年获得的英国驻华大使馆签证照片。（罗杰提供）

然而实际上，西藏商务代表团逗留印度期间，英国政府为夏格巴等人所持的西藏“护照”签发了进入香港的签证。

还在 1947 年 6—7 月间，美国驻印度大使馆就已经接到噶厦政府“外交部（Foreign Office）”和夏格巴的信件，获悉西藏商务代表团一行访美的意图，并于 8 月 1 日向国

孜本夏格巴与劳威尔 · 托马斯在拉萨

务院作了报告。美国驻印度大使馆的报告包括以下几个附件：西藏政府“外交部”和夏格巴致印度大使馆的信的英文译文，以及印度大使馆给西藏地方当局的复信。

需要指出的是，美国驻印度大使格拉迪（Grady）先是在报告的开头把英文“Foreign Office（外交部）”打了引号，而后又告诉国务院，鉴于国务院希望避免任何可能涉及“中国宣称的对西藏拥有主权（sovereignty）”的行动，大使馆在给西藏地方当局的复函中，并未使用藏方来函落款中的“外交部（Foreign Office）”，而是将其改成了“外交局（Foreign Bureau）”。换言之，美国驻印度大使依据美国政府对于西藏地位的一贯立场，自行给已经打出招牌五年之久的西藏地方当局外交机构改了名称，以示美国并不认为该机构是一个主权国家的外交机构，而是只将其视为中国政府外交部的一个下属部门或较低一级的机构。这就表明，美国尽管与西藏进行了直接交往，但是仍然将西藏视为中国的一部分。更值得注意的是，西藏地方当局后来也默认了美方的这一改动，从此放弃了“Foreign Office（外交部）”的招牌，而在给美英两国政府，甚至给中国中央政府的信件中自称“Foreign Bureau（外交局）”。这一事实，对于澄清美国政府当时关于西藏地位的认识无疑很有意义。然而后来，无论是从事“西藏独立”活动的夏格巴等人，还是支持“西藏独立”活动的美国人，都不愿意再提及这一事实。只有加拿大学者谭·戈伦夫教授在其《现代西藏的诞生》（*The Making of Modern Tibet*）一书中将此事挑明。

1947 年 8 月 21 日，美国驻印度大使再次致电国务卿，汇报了西藏商务代表团访美的背景及其重要性，要求重视西藏的地位，在华盛顿礼貌地接待该团，并建议排除中国驻美国大使馆插手西藏商务代表团与国务院的接触。在电报的结尾处，格拉迪回顾了美国对于西藏地位的一贯立场，并询问美国国务院美国政府视西藏为中国一部分的立场是否有所改变。

10 月 28 日，国务院通知驻印度大使，关于西藏商务代表团访美一事，“应该想到，中国声称对西藏拥有主权（sovereignty），而本政府从未对此提出过疑问。相应地，除非该代表团得到了中国政府的正式批准，本政府只能以非正式的礼节接待准备来访的西藏代表团成员”。

美国国务院已经预料到会发生护照和签证问题，因此及时指示格拉迪：

> 假如该代表团成员只携带有西藏旅行证件，任何签证都应当签注于“257 表格”上，而不能签注于他们的护照上。假如他们申请签证而现存的技术问题会阻止他们前来美国，大使馆应当迅即电告国务院，由国务院作出相应决定，安排移民当局给予必要的豁免。

美国国务院的指示精神是明确的：第一，不得在西藏人携带的西藏旅行证件即“护照”上签证。第二，不要由于护照与签证等技术问题而阻止西藏人访问美国。

12 月 26 日，美国国务院再次就护照与签证问题指示美国驻印度大使馆临时代办多诺万：假如西藏人出示中国护照，即在该护照上签证；假如西藏人出示的不是中国护照，则妥善的办法是请他们到南京后再提出申请；假如他们表明不愿这样做，则应该在“257 表格”上签证。而如果在“257 表格”上签证，在日后与中国驻印度大使馆官员的进一步讨论中，应当向他们指出，这是对于美国不承认其护照的签证申请者的通常做法。如果中方提出交涉，你应当告诉他们，美国政府从未对中国在西藏的主权提出疑问。总之，国务院既不希望你对西藏人施加压力，令其屈从于中国当局，也不希望西藏商务代表团访美一事在中美之间引起纠纷。

夏格巴一行抵达印度之后，于 1947 年 12 月 30 日前往美国驻印度大使馆，向大使馆官员转交了摄政大札和噶厦政府的信函，通报了访美的目的。在提到赴美签证问题时，美国驻印度大使馆答复说，既然他们准备先去中国内地，可以在那里提出申请。

早在 1947 年夏季，南京政府就得到了西藏地方政府准备组团经由印度前往中国内地，而后出访美英等国的情报。南京政府外交部对于该团出访英美等国目的的分析十分准确而全面。其中包括：想在国际间表示“西藏独立”之身份；欲前往联络当今强国美国得其助力；使西藏能与英美商行直接贸易与美金联系（即不经过印度直接与美国进行贸易，并以美元结算），等等。蒙藏委员会的报告，更是直接点明夏格巴此行就是为了“赴英美从事西藏独立活动”。

从 1948 年 1 月初到 7 月初，夏格巴使团在中国内地逗留了大约半年，由蒙藏委员会安排到上海、杭州等地参观考察。在此期间，该团要求国民政府“结购外汇二百万美元以供前往英美之需”。但是在当时的形势下，南京政府以“数目太大，外汇支绌”

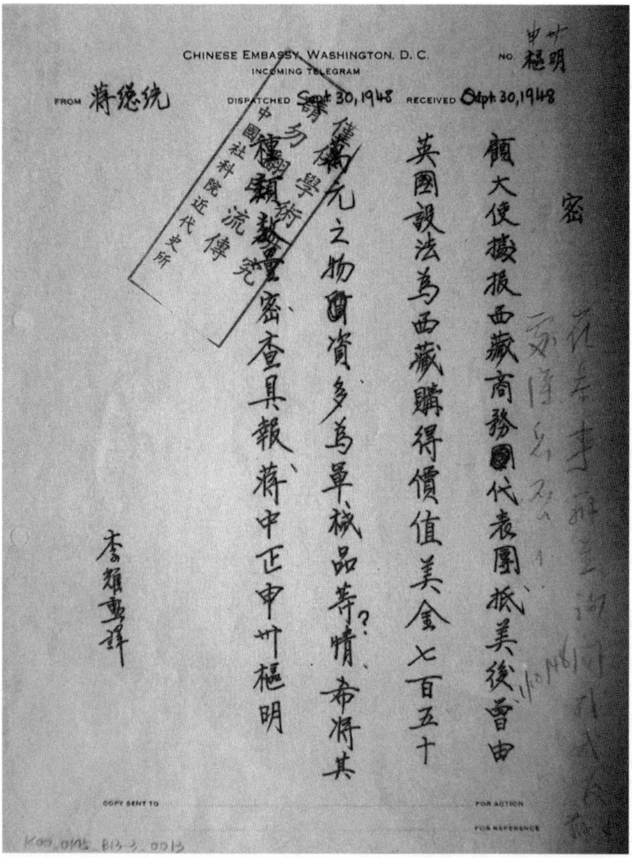
CHINESE EMBASSY, WASHINGTON, D. C.
INCOMING TELEGRAM
NO. 申卅梞明
FROM 蔣總統　DISPATCHED Sept. 30, 1948　RECEIVED Sept. 30, 1948

密
顧大使據報西藏商務團代表團抵美後曾由英國設法為西藏購得價值美金七百五十萬元之物資多為軍械品等情、希將其種類數量密查具報、蔣中正申卅梞明

COPY SENT TO　FOR ACTION　FOR REFERENCE

蒋介石 1948 年 10 月 30 日致顾维钧的电报，指示其密查具报西藏商务代表团在美有否购买军火。（中国近代史档案馆）

为由，未予核准。获悉夏格巴等人出访欧美的意图之后，外交部和蒙藏委员会的官员尽力劝导他们不要自行前赴英美，而夏格巴等人也表示同意，并称将从上海经由香港返回印度，如能向印度政府洽购黄金成功，再设法由印度前往英美。在这种情况下，外交部并未发给他们前往英美的中国护照，而是指示中国驻印度大

使罗家伦密切注视该团返回印度后的动向。然而，夏格巴等人却骗过了南京政府的官员。他们在离开南京之前私下获得了英国驻华大使馆为其签发的赴英签证，在香港又获得了美国驻香港总领事馆签发的赴美签证，于 1948 年 7 月 3 日离港赴美。

美国政府对于西藏商务代表团给予了相当的关注，表面上和在一定意义上将其作为对 5 年前托尔斯泰－多兰“使团”西藏之行的回访，但是在更深层的意义上，当然是把西藏商务代表团的来访放在中国政局迅速变化的背景下加以考虑的。7 月 9 日，西藏商务代表团抵达旧金山，而后乘坐横贯美国的火车前往华盛顿。10 天之后，美国商业部的一位官员在华盛顿的火车站迎接夏格巴一行。在此期间，南京国民政府已经获悉夏格巴的去向。美国驻香港总领事馆给夏格巴一行签发赴美签证一事，引起南京政府的极大关注和不满。7 月 12 日，南京政府外交部次长叶公超就此事向美国驻华大使馆提出口头声明与质询：

> 美国政府对于西藏素以承认中国之主权为原则。此次接受西藏地方当局所发证件，中国政府颇为诧异。如此非美政府驻香港总领事私人之错误，是否为美政府变更其对西藏态度之表示？此点盼美政府予以说明。

随后，中国外交部指示驻美大使顾维钧与美国国务院联系，查明夏格巴等人在港所获签证是否系经美国国务院核准发给，并随时报告夏格巴等人在美国的行动。

7 月 15 日，顾维钧向美国国务卿马歇尔递交了一份内容与叶公超所提口头声明与质询基本相同的备忘录：

1. 西藏是中华民国领土的一部分，根据民国宪法，西藏无权和外国政府进行外交谈判，其与外部世界的关系，要受中国中央政府的指导和批准。

2. 以夏格巴为首的西藏贸易代表团成员所持的旅行证件，不能代替中国政府为出国旅行签发的必要的护照。美国驻香港总领事签证于这些异乎寻常的旅行证件，事先并未通知或磋商代表外交部的中国驻香港的外交特派员，是一项出乎意料之事。估计他这样做也未曾事先向其政府请示。

3. 夏格巴和该代表团的其他成员无权和美国政府发生直接关系，但中国大使馆将乐于为他们访问的目的，即为了贸易利益的目的，提供便利。

4. 美国政府一向承认中华民国的领土主权。因此，中国政府相信，美国（驻香港）总领事为西藏贸易代表团签发旅行证件以代替中国政府的正式护照是一种疏忽，而不是有意违反美国政府尊重中华民国领土完整的传统政策。

美国国务院远东司司长巴特沃思（Butterworth）表示，美国驻香港总领事给夏格巴等人的签证，不是签在他们的旅行证件上，而是签在另外一张普通纸上的。顾维钧再次追问香港总领事这样做是否事前曾报请国务院批准，巴特沃思推说要在查阅记录后再作明确答复。但是他保证，“美国政府没有任何侵犯中国对西藏主权的打算”。

此后，美国国务院也不得不在接待夏格巴的问题上与中国驻美国大使馆保持联系。7 月 22 日，美国国务院通知中国驻美国大使馆，夏格巴一行要求谒见杜鲁门总统（President H. Truman），亲自递交达赖喇嘛给杜鲁门总统的署名照片和信函。美国国务院负责中国事务的官员弗里曼（Freeman）告诉中方：

> 国务院当然不希望在事先没有通知中国大使馆并征得其同意的情况下，便安排美国总统会见西藏代表团；但是另一方面，国务院也不希望在没有经过充分考虑的情况下就拒绝西藏人的要求。在第二次世界大战期间，西藏人曾经十分礼貌地为前往西藏的美国军官提供帮助；而安排这样一次会见无疑将有助于（西藏）代表团出访的成功。

得到美方的通知后，顾维钧一面电告南京政府外交部，请求指示，一面通知夏格巴，他愿意为其安排谒见美国总统杜鲁门事宜。顾维钧告诉夏格巴，中国要员前来美国提出谒见美国总统的要求，均由大使馆出面联系。假如他们不能在华盛顿逗留太久，他可以代为转交上述照片和信函。但是夏格巴坚持要自己面交照片和信函。

7 月 26 日，南京政府给驻美大使馆的复电抵达华盛顿。外交部部长王世杰指示顾维钧，要求美国总统不要接见夏格巴，并争取收回夏格巴等人的旅行证件，另发中国护照。

顾维钧并不完全赞同外交部的指示。他认为应当谨慎处理此事，不使争端激化，避免“拉萨和南京之间公开决裂”。顾维钧的考虑，是与美方态度的微妙变化有关的。美国国务院在得知南京方面的强硬态度后，7月28日由巴特沃思出面，约见中国驻美国大使馆公使谭绍华。巴特沃思告诉谭绍华：“美国政府对中国与西藏之间的关系的态度和政策仍保持不变，但国务院觉得不能拒绝西藏代表团向杜鲁门总统致敬的请求。”这是因为，在第二次世界大战期间，托尔斯泰和多兰到过西藏，受到过达赖喇嘛的接见。杜鲁门总统也已经表示愿意接见西藏代表团。美方还提醒中方，华盛顿并没有邀请西藏人，但是他们今天已经来到美国，美国“不得不隆重接待这些来自遥远的异国他乡的高级代表。……如果总统不接见他们，就等于当众羞辱了他们。”巴特沃思还表示，美国新闻界十分关注此次西藏代表团的访问，美国公众把代表团成员视为来自香格里拉的带来异国风情的客人。假如中国政府阻挠他们谒见美国总统一事被公之于众，媒体的报道将对中国非常不利。“由于美国人民普遍接受自决这一概念，所以，目前的局面很可能在美国引发一场有关西藏的争论。”当天晚上7时，美国国务卿马歇尔致电美国驻华大使馆，把同日早些时候巴特沃思与中国驻美公使谭绍华约谈的情况通报驻华大使司徒雷登（John Leighton Stuart）。电报称，美国国务院向谭绍华强调指出：尽管美方“并没有以某种方式对于中国在西藏的法理上的主权（China's *de jure* sovereignty over Tibet）表示怀疑的意思”，但是中方也应当“意识到，中国在实际上没有行使对于西藏的权力（it exerts no *de facto* authority over Tibet）这一事实，乃是造成目前局面的根源。”显然，美方试图在违背中国政府的意愿接待夏格巴使团的同时，把责任推卸给中国政府。

在这种情况下，顾维钧与谭绍华研究之后，复电王世杰，指出，由大使馆为西藏商务代表团提出谒见杜鲁门总统的要求，并由他本人带领夏格巴前往白宫，是最为得策的妥协办法。否则，如果美国国务院径行安排杜鲁门总统接见西藏商务代表团，将会造成困难的局面和尴尬的后果。此时，美方也一度劝告夏格巴接受顾维钧的安排，但是遭到拒绝。在后来的接触中，顾维钧告诉夏格巴，在目前动荡不安的国际形势下，西藏地方当局如要自己寻求新路（按指寻求“独立”），是鲁莽的。然而，夏格巴最后还是拒绝了顾维钧的方案。在美方的安排下，夏格巴于 8 月 6 日非正式地会晤了国务卿马歇尔，转交了达赖喇嘛致杜鲁门总统的信函、照片以及西藏地方政府的信函。8 月 8 日星期日上午，夏格巴离开华盛顿前往纽约。

依据目前公开的档案资料，没有证据表明西藏商务代表团的美国之行是由美国政府邀请的。但是，美国政府决策者中至少有一部分人希望并且确实在利用这一事件，试图在南京政府走向崩溃之际悄悄改变美国传统的西藏政策。由于南京政府态度坚决，美国政府在接待夏格巴一行和西藏商务代表团会见美国总统杜鲁门的问题上，被迫基本上尊重了中方的意见。但是在其他一些问题，特别是护照和签证问题上，仍然做了手脚。

国务院远东司司长巴特沃思对顾维钧所说“驻香港美国总领事并未于夏格巴等所持旅行证件上签证，仅于另一普通纸上签注可入美境，此项签注并无损害中国对西藏主权之意”，以及后来所说“美国驻香港总领事对发给签证规定的误解”云云，显然都是谎话。根据夏格巴本人后来提供的照片，美国的签证分明是直接签注在夏格巴所持西藏地方当局擅自印发的护照上。而美国国务院在此之前至少一个月，已经得知美国驻华大使馆的报告，知道夏格巴肯定要来美国。种种证据表明，给夏格巴出主意，让其在香港美国总领事馆申请赴美签证，并向美国国务院提出此项建议的，正是当时的美国驻华大使司徒雷登。

1948 年 5 月 11 日和 29 日，当夏格巴一行正在南京时，司徒雷登两次为夏格巴等人的赴美签证问题致电美国国务院。当时夏格巴对南京的欺骗已经得手，中国媒体已将夏格巴放弃访美计划，拟由香港、印度返回西藏这一消息公之于众。司徒雷登无疑知道全部内情。他在第一封电报中报告国务院：

> 在过去的几周，代表团访问了杭州、上海，刚刚返回南京，目前正在准备拟议中的对日本和美国的访问。……旅行证件问题依然困扰着代表团。按照国务院的指示（国务院 1947 年 12 月 26 日电报，第 1573 号），大使馆没有拒绝在他们所持的西藏旅行证件上签证，但是试图诱导西藏代表团首先获得中国的出境签证，而后再来大使馆获取（赴美）入境签证。

在随后的第二封电报中，司徒雷登称，西藏商务代表团通知大使馆，他们将经由香港、东京前往美国。“估计代表团途经香港是为了‘保住面子（save face）’。他们将在那里放弃中国护照，改用西藏旅行证件。美国的签证将在香港签注于西藏旅行证件上。”

这里，司徒雷登根本未再提及“257 表格”，美国国务院也不再坚持只可以在“257 表格”上签证的原来意见。有理由推测，司徒雷登曾经为没有多少外交经验的夏格巴出谋划策，告诉他如何摆脱困扰他的护照和签证问题。

在南京政权失去对中国大陆统治仅仅是时间问题的 1948 年春夏之交，司徒雷登处理签证问题的做法显然是另有所图的，这就是为美国把西藏从中国分裂出去进行准备。他认为他的主张符合美国的长远利益，也确实对美国国务院产生了很大影响。他之所以没有在南京给夏格巴等人赴美签证，不过是为了在日后中方提出交涉时，留有回旋余地。后来美国国务院果然故意撒谎，否认在“西藏护照”上签证的事实，也表明美方心中有鬼，不敢公开司徒雷登的阴谋。

美国政府此次从事分裂我国西藏的阴谋活动之所以犹豫不决，浅尝辄止，一是因为它还在支持国民党反共、打内战，不能不顾及南京政府在西藏问题上的立场，因小失大；二是因为在短时间内尚难以公开转变其传统的西藏政策。但是美国政府在尝试调整其西藏政策，不惜为了自己的利益而损害中国对于西藏的主权，已可窥其端倪了。

在南京政府统治中国的最后几年，美国希望尽量回避提及中国对于西藏的主权，但是夏格巴与西藏商务代表团的来访却使其无法回避。美国政府又认为，公开声明自己已经改变视西藏为中国的一部分的历来态度和立场的时机尚不成熟。这样，西藏商务代表团访美事件，实际上为南京政府提供了一个要求美国确认其关于西藏地位的一贯立场的机会。在西藏问题上，南京政府在其危难之际，变被动为主动，迫使美国政府不得不重申其视西藏为中国一部分的传统立场。就此而言，南京政府维护了中国领土主权的统一和中华民族的最高利益。而西藏商务代表团的美国之行，在宣传“西藏独立”，争取美方支持的问题上，不仅失败了，而且弄巧成拙，在一定意义上把美国政府今后改变立场的路也堵住了。

原载《西藏民族学院学报》2007年第1期

第 14 章

中华人民共和国建立前夕进藏的美国人——劳威尔·托马斯父子

从 1949 年中华人民共和国成立至 1951 年西藏和平解放，是西藏现代史的一个重要时期。在此期间进藏并与西藏地方政府发生直接接触的美国人有两批——劳威尔·托马斯父子（Lowell Thomas & Lowell Thomas, Jr.）和马克南－白智仁（Douglas Seymour Mackiernan & Frank Bessac）一行。托马斯父子 1949 年的西藏之行，意在了解情况、搜集情报，并向西藏地方当局传达美国政府关注西藏局势的信息。他们眼中的西藏是什么样子的？值得今天回顾。

1949 年，新德里的美国驻印度大使馆已经成为最关心西藏的美国驻外机构，也是美国国务院与西藏地方当局联系的基本渠道。是年春夏之间，美国驻印度大使韩德森多次致电国务卿，要求根据中国和南亚当前形势的变化重新考虑美国政府的西藏政策，并建议在当年9月之前派遣一个使团前往拉萨。然而，国务卿艾奇逊在7月底的复电中却告诉韩德森，从全局考虑，派员入藏的建议在政治上是不可取的。而韩德森后来也打起退堂鼓。原因有两个：一是当时西方人进藏必须取道印度，而独立不久的印度已经劝阻了一个英国使团，这使美国担心如果派出美国使团，也会遭遇同样命运；二是当年的时间已经太晚了，难以在大雪封山之前组团进藏。

就在美国政府部门官方文电往还就应否派团入藏讨论不休的时候，劳威尔·托马斯父子已经跋涉在前往拉萨的途中了。韩德森事先知道此事，并向国务卿作了报告。

1949年下半年，既是中国人民解放军横扫国民党军队在大陆残余势力之际，也是西藏地方政府焦虑不安之时。7月上旬，西藏地方当局制造了拉萨“7·8事件”，借口防止共产党进入西藏，强迫国民政府蒙藏委员会驻藏办事处全体人员及眷属离开西藏。

新华社于9月上旬发表社论，指出：

> 七月八日西藏地方当权者驱逐汉族人民及国民党驻藏人员的事件，是在英美帝国主义及其追随者印度尼赫鲁政府的策划下发动的。英、美、印反动派勾结西藏地方反动当局举行这个“反共”事变的目的，就是企图在

人民解放军即将解放全国的时候，使西藏人民不但不能得到解放，而且进一步地丧失独立自由，变为外国帝国主义的殖民地奴隶。

第二次世界大战结束之后，一直没有美国人造访拉萨。西藏地方当局从 1946 年初就千方百计与美国政府拉关系，屡次释放希望在拉萨接待美国官方代表的信号，却迄未得到明确答复。恰于此时，藏方收到了由韩德森转来的托马斯父子进藏采访的申请。

劳威尔・托马斯是美国哥伦比亚广播公司的记者。夏格巴 1948 年到美国时，托马斯就已经与之建立了私人关系。这次托马斯父子申请进藏，是由韩德森写信告诉夏格巴，再经过夏格巴转给西藏“外交局”的。时值“西藏上层官员心急如焚，正在讨论怎样做是通报美国红色威胁已经来到西藏的最佳方式”之际，噶厦政府马上同意他们的入藏要求并发出邀请。正在拉萨的奥地利人海因利希・哈勒（Heinrich Harrer）后来回忆说：

当时的政治局势为这两位美国人获准进藏提供了有利条件。来自中国的威胁……再度严重起来。历届中国政府，不论是（中华）帝国的还是国民党的或共产党的，都一直申明视西藏为中国的一个省，……于是他们就决定让这两位将在全世界开展有助于“西藏独立”宣传的美国人到西藏来。

大约就在“7・8 事件”发生，国民政府驻藏办事处工作人员及眷属被遣送离藏，经由印度返回中国内地的同时，托马斯父子沿着托尔斯泰、多兰二人当年走过的路线，向拉萨进发。为了尽量避免走漏消息，同时也尽量减小“7·8事件”的影响。西藏地方当局有意安排分成三批离开拉萨前往印度的驻藏办事处代处长陈锡章等百余人走了另外一条路，不与托马斯父子在途中相遇。一面把中央政府驻藏机构人员驱离西藏，一面把美国的著名记者迎入拉萨，西藏地方当局的醉翁之意，真可谓是路人皆知了。

托马斯父子于1949年8月28日抵达拉萨，随后，会见了达赖喇嘛和西藏地方政府的重要官员，还用他们携带的电影摄影机拍下了拉萨和沿途的一些画面。他们表示此行就是为了“了解西藏情况，告诉美国人西藏在国际问题上的地位，要求华盛顿给西

劳威尔·托马斯父子与西藏地方政府官员在拉萨布达拉宫前合影。(罗杰提供)

劳威尔·托马斯父子在西藏

藏以可能的援助。”小托马斯认为：以苏联为首的共产主义在觊觎西藏。他们一旦控制了拉萨，就会在中亚和东亚的佛教徒世界发挥巨大的影响，有朝一日就能够以西藏为跳板，进攻印度次大陆，扩大其统治于那里的4亿人口。此外，英国人不久前暗示，在西藏发现了具有不可估量价值的可以制造原子弹的放射性矿物。有证据表明，苏联正在将其空中基地的链条从中亚扩展至西藏，而中国人正在从他们的西部省份修筑军事公路进藏。青藏高原很快就会变成世界热点地区。

苏联当时支持中国解放西藏。一份官方的周报《新时代》

（*New Times*）在得知劳威尔·托马斯父子即将进藏的消息之后，发表编辑部文章，揭露他们此行旨在把西藏从中国分裂出去，将其变成英美的殖民地，是一次“肮脏之旅”。

在藏期间，托马斯父子与独立不久的印度政府派驻拉萨的使团负责人黎吉生（Hugh Richardson）和英籍电报员福克斯（Reginald Fox）频繁接触，分享有关西藏局势发展的情报，交换如何“帮助”西藏的意见。但是在认识到美国直接援藏存在着政治上和地理上的重重困难时，他们父子回避作出任何明确的承诺，声称自己仅仅是非官方的访问者，而且美国的决策过程相当复杂。当噶厦政府官员询问“假如共产党要进攻西藏的话，美国是否援助，并且援助到什么样的程度”时，托马斯回答：

> 如果中国共产党入侵，他们可能会取道北部的高山和荒原，从塔尔寺和青海湖方向进兵。那条路到拉萨有六百英里的路程，开始二百英里路好走，但是过了二百英里，只要西藏方面组织一支有技术的游击部队，就不难阻止侵略者，切断他们的补给线，使他们的侵略付出很大的代价。……

当一再被问及美国为什么不直接出面帮助西藏时，托马斯称：

> 我父亲和我已经同我们政府的领导人讨论了西藏问题。他们答复说，如果美国对西藏提供任何军事援助，

那么我们的国家就必须担负起维护西藏独立的责任。但是那时如果中共与我们冲突起来，我们将如何调动一支军队越过喜马拉雅山？如何供给这一支军队？我们分析的结果是，美国不能够担负这样一个责任。此外，我们的政府认为，只要西方列强不采取行动把西藏拉入他们的阵营，中国人就不太可能发动对于西藏的军事入侵。

托马斯父子公开称西藏为“国家”。1949年9月离开西藏时，随身携带着西藏摄政和达赖喇嘛致杜鲁门和艾奇逊的信。据托马斯后来称，信的主要内容是请求美国军事援助。“西藏的领袖们愿意得到美国的军事援助，以便能够于必要时击退中华人民共和国的军队”。托马斯父子返回印度之时，正值中华人民共和国中央人民政府刚刚成立之际。他们的在藏活动，与刚刚发生的拉萨“7·8事件”一样，受到中国主流媒体《人民日报》的严厉斥责：

中国人民正密切注视着美国帝国主义侵略我国领土西藏的阴谋活动。据美国华盛顿及印度加尔各答消息透露，美国所派遣以“广播评论员”名义出现的间谍汤姆斯，于本年八月间取得印度尼赫鲁反动政府外交部长帮助进入西藏后，经过两个月的活动，已于本月十日在取得达赖喇嘛致杜鲁门的信件后乘印度美使馆专机离藏飞返加尔各答。汤姆斯十日在加尔各答发表谈话，公开声称：“西藏当局所属军队装备很差，需要外界援助，用以阻止共产党的进展。”汤姆斯的间谍活动和狂妄谈话，说明美国帝国主义对西藏的图谋也日益加紧。

……自托马斯返美后，华盛顿方面就公然透露："鉴于亚洲当前的事态发展"，"美国也许会承认西藏为'独立国'"（合众社华盛顿十月二十四日电）。同一来源的消息又说：美国政府准备将军事援外计划提供的七千五百万美元款项内的一部分"给予达赖政府，供该'国''国防'之用"（法新社华盛顿十月二十五日电）。美国国务院官员们也公开承认：美国国务院远东顾问小组"正在研究西藏的战略地位以及它所涉及的各点"。

回国后不久，托马斯父子就于1949年11月受到杜鲁门总统的接见。1950年2月，老托马斯告诉艾奇逊：西藏的"地形非常适合游击战，藏族人可以通过这种方式，顽强抵抗任何可能进入西藏的军事力量"。他公开呼吁美国政府给西藏地方当局更多的现代化武器，建议派出一个以军人为首的使团前往西藏，鼓励藏族人进行抵抗，甚至还主动提出把自己的儿子小托马斯派回西藏，以示他自己对西藏的帮助。托马斯父子一面要求美国政府支持西藏地方当局与中国共产党对抗，一面四处游说，力图把"一个独立的西藏的观念，带给长期以来一直被告知西藏是中国遥远的一部分……的美国公众"。小托马斯为此写了《这个世界以外：跨越喜马拉雅山前往禁地西藏》（*Out of This World: Across the Himalayas to Forbidden Tibet*）一书，记述他们父子此次访问西藏的经历。

1950年5月10日，小托马斯给西藏噶厦写了信。他在信中告诉西藏地方当局，自己已经见到杜鲁门，把他们的信件转交给了美国总统，并且向总统提出了给予西藏援助的要求：

> 大约在（1949年）11月初，我荣幸地会见了我国总统杜鲁门先生，并向他致送了你们政府的信件……
>
> 我特别向杜鲁门总统指出了你去夏在外交局告诉我的关于对西藏独立的威胁，和解释了你亟需的援助。
>
> 我问他美国是否能给你们军队以现代武器，及训练你们士兵运用这些武器所需足够的顾问们，但是杜鲁门总统没有表示可否。无论如何，他是同情你们国家的问题的，关于这一点是无可置疑的。
>
> ……美国的国务卿艾奇逊最近告诉我的父亲，他觉得在制定援助方案之前，还需要对你们国家有更多的了解。国务卿暗示，如果有机会，我能得到准许在来夏再到拉萨，他愿意派一个有资格和你们政府详细磋商的美国政府代表团一起来，……
>
> ……我希望对你们国家独立的威胁将日见减弱，你们军队的力量和地势的险要将使中国人继续留在她们国界的后面。

西藏地方当局起初是把托马斯父子当作美国政府的代表接待的。等到发现他们既没有官方身份，也没有外交权力时，西藏地方当局极为失望甚至愤怒。然而，种种事实表明，托马斯父子绝非一般的旅行家或探险家，他们父子恰好在中华人民共和国中央人民政府宣告成立前夕进藏，与西藏地方当局直接联系，起到了暗示美国政府同情并愿意帮助西藏地方当局、鼓动和支持西藏上层中的亲帝国主义势力从事“西藏独立”分裂活动的作用。

1949 年，随着国民党蒋介石在中国大陆的统治无可挽回地走向崩溃，美国采取了“等待尘埃落定”的对华政策。当西藏的局势尚不明朗时，美国政府决定暂时“避免提及它（中国）对西藏的主权或宗主权，尽可能地保持美国西藏政策的灵活性”。这是其“等待尘埃落定”的对华政策在涉藏问题上的反映，也是与其对华政策相一致的。美国政府无意关心西藏人民，保护西藏人权和西藏文化，也没有兴趣支持“西藏独立”。它只是在考虑美国自己的国家利益，权衡西藏在冷战中削弱中国、“遏制共产主义蔓延”所可能发挥的作用。西藏不过是美国全球战略棋盘上的一枚棋子，而且是一枚偏远的，并不十分重要的棋子。但是，随着西藏的和平解放，美国的这些努力和期盼都落空了。

关于老托马斯，后来还有一段轶事。他可能是唯一一位在西藏和平解放前后两度进藏的美国人。1977 年，曾于 1974—1975 年出任美国驻华联络处主任、后来又当了美国总统的老布什（George H. W. Bush，1924—2018 年）以私人身份访华，并访问了拉萨。在他的随员中有一位 82 岁的老记者，就是老托马斯。在布什一行参观“西藏革命展览馆”时，墙上居然出现了老托马斯的照片，那是他 1949 年在拉萨与西藏地方政府高级官员的合影。解说员称其为美国间谍，当年潜入拉萨是为了策动“西藏独立”的阴谋活动。这时，原来一直往前站的老托马斯偷偷往后溜。布什颇觉尴尬，问解说员凭什么说他是间谍？解说员当场拿出他的儿子小托马斯写的书《在这个世界之外》，并说：“这是托马斯

小劳威尔·托马斯所著《在这个世界之外》一书封面

父子1949年来西藏活动后写的书，看后就知道他是什么人了。”布什接过书，继续参观。当天布什把书还给工作人员，并表示，对托马斯的指控是有一定根据的，自己事前并不知道。中方人员表示，这些都是很久以前的事情了，作为历史只能实话实说，但是访问不受影响。正是《在这个世界之外》一书中，小托马斯将他们父子到西藏活动行前如何与美国情报部门取得联系，接受任务，到西藏后又如何煽动西藏地方政府武装对抗中国中央政府等活动“交待”得清清楚楚。

原载《中国西藏》2017年第6期

第 15 章

高原谍影——美国中央情报局雇员马克南的死亡之旅

1949 年 9 月底，美国驻新疆迪化（今乌鲁木齐）的副领事马克南（Douglas S. Mackiernan）和另一位美国人白智仁（Frank B. Bessac）及三名白俄，从新疆出发，取道西藏前往印度。马克南等三人后来被藏兵误杀于藏北，只有白智仁和一名白俄抵达拉萨，并于数周后得以穿过西藏进入印度。马克南此行很可能负有与西藏地方当局联系的使命。由于相关档案至今没有全部解密，这仍然是一个谜。

早在抗日战争时期，为了扩大在亚洲的影响，遏制苏联的势力，美国在 1942 年向国民政府提出在新疆设立领事馆的要

马克南，以美国驻中国新疆迪化（今乌鲁木齐）领事馆副领事为掩护的中央情报局间谍。

求。而蒋介石也希望借美国人的力量抗衡苏联在新疆的存在，于同年年底同意美方要求。1943年春，美国驻新疆领事馆在迪化设立。从此，在中国西北一个几无美国侨民的省份，美国有了官方的领事机构。马克南于1947年2月初在美国驻中国新疆迪化领事馆任职。他的公开身份是副领事，但是实际上却是同年成立的美国中央情报局的特工。地处中国西北边疆的新疆由于与苏联接壤，而且蕴藏丰富的石油和铀矿，当时已经成为冷战的热点地区。马克南能讲俄语和汉语，具备地质学、气象学和无线电收发报知识，清楚新疆在地缘政治上的重要性。他白天接受美国务院的指示，从事领事馆的日常工作；夜里则按照中央情报局的指示，从事秘密的间谍工作。他的主要任务之一，就是在新疆监视中苏边境另一侧的苏联的动向，特别是苏联试验制造第一颗原子弹的进展。

1949年7月的一天，美国驻华大使馆的公使衔参赞致电国务卿艾奇逊，认为国民党在中国大陆的统治崩溃在即，已经到了关闭美国在华所有使领馆的时候了。美国驻华大使司徒雷登也坚持“在法律和秩序崩溃”之前撤离使领馆全体人员。7月29日，艾奇逊下令关闭在中国的所有使领馆（包括驻迪化的领事馆），使用一切可能的手段使全部外交

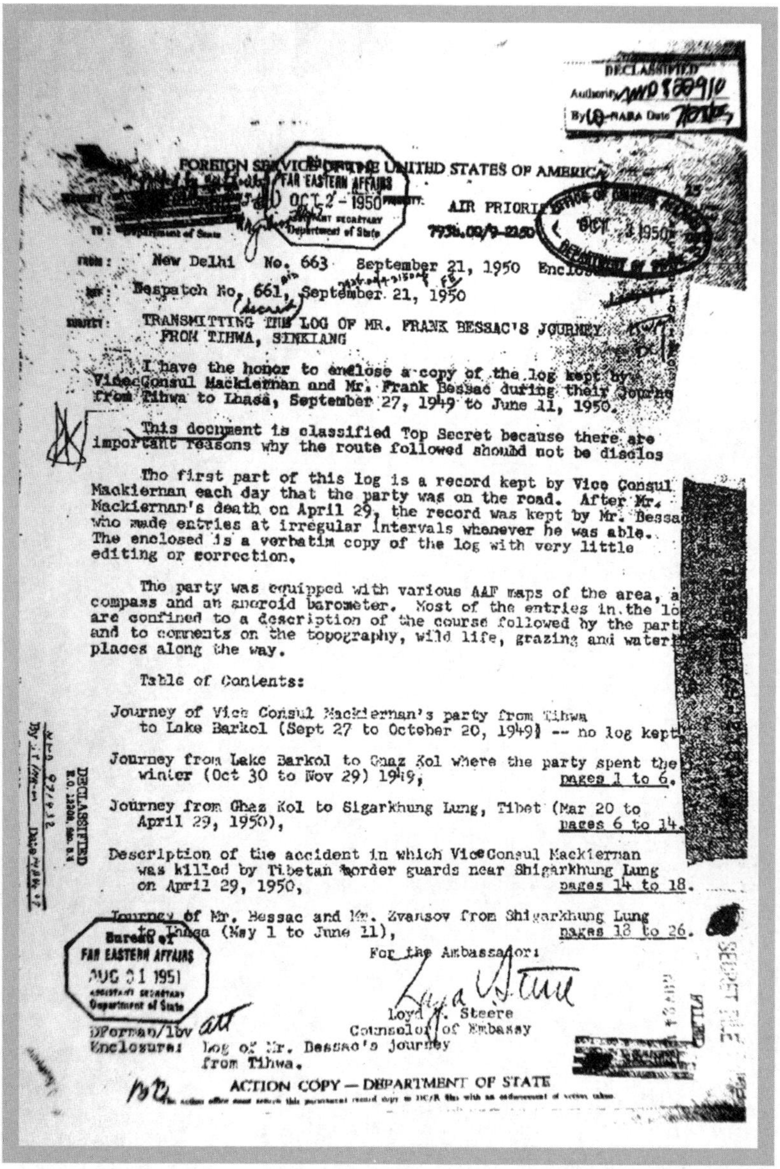

DECLASSIFIED
Authority NND 889910
By NARA Date

FOREIGN SERVICE OF THE UNITED STATES OF AMERICA

[redacted]

FAR EASTERN AFFAIRS
OCT 2 - 1950
ASSISTANT SECRETARY
Department of State

AIR PRIORITY

TO: Department of State

793B.00/9-2150

OCT 3 1950

DEPARTMENT OF STATE

FROM: New Delhi No. 663 September 21, 1950 Enclosure

REF: Despatch No. 661, September 21, 1950

SUBJECT: TRANSMITTING THE LOG OF MR. FRANK BESSAC'S JOURNEY FROM TIHWA, SINKIANG

I have the honor to enclose a copy of the log kept by Vice Consul Mackiernan and Mr. Frank Bessac during their journey from Tihwa to Lhasa, September 27, 1949 to June 11, 1950.

This document is classified Top Secret because there are important reasons why the route followed should not be disclos

The first part of this log is a record kept by Vice Consul Mackiernan each day that the party was on the road. After Mr. Mackiernan's death on April 29, the record was kept by Mr. Bessa who made entries at irregular intervals whenever he was able. The enclosed is a verbatim copy of the log with very little editing or correction.

The party was equipped with various AAF maps of the area, a compass and an aneroid barometer. Most of the entries in the lo are confined to a description of the course followed by the part and to comments on the topography, wild life, grazing and wateri places along the way.

Table of Contents:

Journey of Vice Consul Mackiernan's party from Tihwa to Lake Barkol (Sept 27 to October 20, 1949) -- no log kept

Journey from Lake Barkol to Ghaz Kol where the party spent the winter (Oct 30 to Nov 29) 1949, pages 1 to 6.

Journey from Ghaz Kol to Sigarkhung Lung, Tibet (Mar 20 to April 29, 1950), pages 6 to 14.

Description of the accident in which Vice Consul Mackiernan was killed by Tibetan border guards near Shigarkhung Lung on April 29, 1950, pages 14 to 18.

Journey of Mr. Bessac and Mr. Zvansov from Shigarkhung Lung to Lhasa (May 1 to June 11), pages 18 to 26.

DECLASSIFIED
E.O. 12958, Sec. 3.5

Bureau of FAR EASTERN AFFAIRS
AUG 31 1951
ASSISTANT SECRETARY
Department of State

For the Ambassador:

Loyd V. Steere
Counselor of Embassy

DForman/lbv

Enclosure: Log of Mr. Bessac's journey from Tihwa.

ACTION COPY — DEPARTMENT OF STATE

马克南和白智仁所记从新疆迪化至西藏拉萨的旅行日志，文件首页。（英国国家档案馆藏）

說：東北幣由東北人民銀行發行，旅大地區的關東幣由關東銀行發行，兩都是完完全全由東北人民政府統一發行的。在東北只有一家蘇聯友邦的遠東銀行，但他的業務範圍限制很嚴，只做蘇聯僑民對本國的往來匯兌，沒有一個中國人在那兒存一個錢。這和英美帝國主義的麥加利、匯豐等銀行是本質上完全不同的。

中華製藥公司總經理陳豐鎬說：東北需用的藥品，凡爲國內暫時不能供應的，均經過貿易機構以易貨方式向蘇聯交換而來，需要什麼藥品完全由我們主動決定，毫無上海在抗戰勝利之後美貨藥品排山倒海而來的傾銷現象。

大誠綢廠總經理宋保林說：只有親身到東北之後，才眞正體會到蘇聯和中國的邦交是眞正基於平等互惠的原則的。就以中蘇貿易來說，東北和蘇聯的貿易，是把東北剩餘的產品向蘇聯換來發展重工業所急需的機器設備和原料。

鼎泰輪船木材公司經理金達中和江南造紙廠襄理徐庸言，都指出被聘來華的蘇聯專家都不願受任何特殊的優待，只享受和中國技術人員一樣的待遇。徐庸言說：美國務院和艾奇遜的無恥謠言，絕對不能動搖中蘇間的友誼。

一個目擊者的控訴

·南京新華日報·

【新華社南京五日電】據此間新華日報刊載的該報讀者蕭凡寫的題爲『一個目擊者的控訴』的文章說：日寇曾於一九四〇年下半年在浙江的寧波和金華等地散佈鼠疫跳蚤毒害我國人民。該文作者說：一九四〇年下半年，我離開浙東寧波地區前往金華。當時，寧波由於日寇投擲鼠疫跳蚤而突然發生了鼠疫，很快地蔓延開來。無能的國民黨政府對此束手無策，亦不積極設法搶救。到後來鼠疫嚴重地區就只好被封鎖，不准和外邊接觸。有的地區就縱火焚燒，房屋東西以及一切人畜全部活活燒死，其慘狀難以形容，而損失之巨大，更無法統計。自然，鼠疫並未因此而撲滅，而仍然四處流行，並傳到附近地區。鼠疫醫院都鬧人滿之患，一直鬧了很久，人民之損失是十分浩大的。

我到金華後又碰到了這樣的事情：當時，日寇爲打擊人們的抗日情緒，屠殺中國人民，便在各城市進行轟炸。那時金華也不例外，每天上午敵機便在八詠江大橋車站等地投彈轟炸，國民黨政府官員首先帶頭逃警報。每到晴朗的好天氣，金華便如一座死城，陰森可怕。一天，敵機又來轟炸了，在大橋附近轟炸了一陣之後，即低空掠過。上空『嗖嗖嗖』的一陣響，大片黑點子飛速地降落下來。防空洞裡人們一聲驚叫：『哎，大批炸彈下來了。』

一齊都往防空洞深處躲去。可是過了一會，飛機聲漸小，而外面沉寂如故，沒有震天動地的爆炸聲。人們走出防空洞後，才知道在大橋附近投下了許多裝滿泥土的蔴袋，蔴袋震裂後，泥土裡跳出了無數跳蚤，向四處跳散了。於是這個地方迅速地戒了嚴，不准人們往裡走，蔴袋也不敢去動牠，因爲人們知道寧波的鼠疫，也是這樣一大堆蔴袋傳開來的。自那天起，敵機又接連來投了幾次蔴袋。不久之後，鼠疫便在金華發現了。患者的症狀和鼠疫病狀完全一樣。不少人因而不治死亡。到後來真是風聲鶴唳，人人自危，一直到多天後才稍爲好一點。金華一帶受災的情形較寧波等地爲輕，但是日寇這一殘酷獸行所留在人們記憶裡的深刻印象，卻是永遠不會忘卻的。

美間諜馬克南被揭穿後 新疆各族各界一致斥責

號召提高警惕肅清美特及反動分子

【新華社迪化五日電】前迪化美國領事館副領事馬克南，勾結新疆匪徒烏斯滿等，企圖進行反對中國人民的間諜活動被揭穿後，新疆各族各界人民對美帝國主義卑劣罪行一致表示憤慨。新疆保衛和平民主同盟負責人之一艾尼瓦爾巴巴說：『匪徒烏斯滿等進行破壞伊犁、阿山、塔城三區人民利益爲時已久，現在這群匪徒仍在美帝國主義和蔣匪指示和支援下，進行破壞新疆和平的陰謀。對這種卑鄙的罪行，全新疆人民是堅決反對的，我們要徹底肅清這些反動分子。』新疆軍區副參謀長哈三諾夫說：『這件事實可以證明，美帝國主義和國民黨殘匪乃是中國人民的死敵。蘇聯才是中國人民真正的朋友，中蘇兩大國人民將永遠攜手保衛世界和平與人民民主，反對帝國主義和反動派到底。』新疆省人民政府副秘書長哈薩克族進步人士況與總指出烏斯滿匪徒在美帝國主義和蔣匪的指示下到處搶殺破壞的罪行後說：『我新疆人民應更加團結起來，在人民政府領導下，肅清這些反動傢伙。』

迪化市總工會籌委會負責人說：我們全市一萬多工人要組織起來，提高警惕，加強工廠中的保衛工作，粉碎美國間諜、國民黨特務及烏斯滿匪徒的破壞陰謀。此外，學生、青年、婦女等人民團體負責人也都一致斥責美帝國主義的陰謀活動，並號召提高警惕。新疆日報爲此特於一月三十一日發表社論，痛斥美帝國主義的陰謀，號召全省各族人民，團結一致嚴加警惕，肅清境內國民黨匪幫殘餘、美國間諜特務和反動分子。

全國婦聯昨舉行茶會 招待越南暹羅婦女代表

越南代表歡呼中越建立邦交

【北京訊】中華全國民主婦女聯合會五日下午舉行茶會，歡迎亞洲婦女代表會議會後趕到的越南婦女代表阮科蘭紅、黃佩環、潘安、阮芳草、黎偉芳等五人及暹羅婦女代表三人。被邀參加

！毛主席萬歲！中越人民及婦女的友誼萬歲！中國婦女萬歲。越南代表又向全國民主婦聯獻旗，由許廣平副主席接受。參加歡迎的各團體代表也相繼致歡迎詞。

對殖民制度鬥爭日」

《人民日报》1950 年 2 月 6 日第 4 版文章《美间谍马克南被揭穿后新疆各族各界一致斥责》

人员撤离。副领事马克南却并没有遵照国务院的命令行事，而是“自告奋勇”留了下来，处理领事馆关闭之前的事宜。随着新疆的和平解放，马克南已经难以经由苏联或中国内地返回美国。他可选的一条撤离路线，就是取道中国西藏这一尚未被解放的地区，经由印度回美国。

早在清朝末年，就有新疆哈萨克族牧民进入西藏游牧。经当时的驻藏大臣有泰奏明清朝政府批准，在藏暂住达两年之久，而后又由清朝政府命新疆派员入藏发放盘缠领回新疆。20 世纪 30—40 年代，新疆也曾经有哈萨克族牧民不堪忍受盛世才的统治，经甘肃、青海逃亡西藏，再经拉达克进入印度。直到 1947 年罗家伦前往印度出任中华民国首任驻印度大使期间，还有从甘肃、青海、西藏一路迁徙流亡至印度西北部的五六百哈萨克人自认为是中国人，请求中国政府给予救济。这些哈萨克人的迁移路线显然为马克南逃离新疆提供了一个可行的方案。

1949 年 8 月下旬，马克南电告艾奇逊，新疆的交通已经由于“匪患”而中断，任何有意义的对于中共的抵抗都不再可能发生。9 月 25 日，马克南给艾奇逊发出了最后一封电报。当日和次日，国民政府新疆警备司令陶峙岳、新疆省主席包尔汉通电起义。占全国六分之一国土面积的新疆宣告和平解放。

就在此前不久，白宫获悉苏联已经成功爆炸了第一个核装置。苏联历史学家梅泽列夫在其所著《他们是世界第一》一书中指出，1949 年 8 月 29 日苏联进行首次核试验时，美国空军派了飞机到伊朗和巴基斯坦上空，通过捕捉空气中的放射性颗粒物，成功分析出苏联首枚核弹所用原料及其结构特点。这个报告并非出自设在新疆的监听点，中央情报局因未能提前获得任何信息而赶到惭愧和羞辱。

马克南得走了。他已经做好了尽量充分的准备。在新疆匪首乌斯满的帮助下，马克南购买了马匹和骆驼。与他同行的是一位刚到迪化不久的美国人、富布赖特学者白智仁（又译弗兰克·贝萨克，白智仁系其汉文姓名），还有三个白俄。由于进藏途中自然条件恶劣，他们必须带上充足的干粮和弹药。骆驼比马匹更有耐力，而马克南在选购骆驼时也花费了更多的心计：他把一群骆驼饿上几天，而后观察哪些骆驼只吃草，哪些骆驼可以接受干肉作饲料。他只选购那些能吃干肉的骆驼。1949 年 9 月 28 日午夜，马克南、白智仁和另外三个白俄，溜出已经处于中国人民解放军控制之下的迪化城，开始了前往西藏的长途旅行。

除去干粮和弹药之外，马克南还随身携带着他的莱卡相机、军用地图、指南针、高度仪和一次性使用的密码本、与华盛顿联系的收发报机、金条，等等。此外，还有几本欧洲人描述前往西藏经历的游记。

最初几天，他们夜行晓宿以避开外界的注意。乌斯满的向导一路陪伴他们，送他们越过了塔克拉玛干沙漠。途中的艰辛超过了他们当初的预料。在一望无垠的沙漠、戈壁、荒原上，有时几天都找不到一眼泉水。为了节省干粮，他们一路打猎，但有时打死一只野羊，不等近前，已经被秃鹰吃得所剩无几。高海拔降低了水的沸点。水烧开时，可以把手伸进沸水里而不必担心烫伤。沿途不时出现的牲畜的尸骨和用碎石草草堆起的坟墓，成为他们前行的路标。

11 月底，他们在一处名叫鹅湖（Timerlik Bulag）的地方停下来越冬。直到 1950 年 3 月 20 日，他们才离开鹅湖，开始了进入西藏的最后旅程。沿途，马克南一直与华盛顿保持联系，报告自己的方位，并且要求华盛顿与拉萨当局接洽，为他们获得入藏的许可。他们希望进入西藏之后，藏方能够派遣一支卫队来护送他们。华盛顿在辗转与拉萨联系之后，复电马克南，确认他们将在新疆与西藏交界处受到欢迎。

1950 年 4 月 29 日，马克南一行终于见到了藏族人。在语言不通的情况下，他们尽力作出友好的表示，但却在打着白旗走向藏族人之际，遭到突如其来的射击。马克南和两个白俄当场毙命，白智仁和另外一个受了轻伤的白俄被押往拉萨。数日后，在前往拉萨途中，他们与噶厦政府派来送信指示欢迎美国人的信使相遇。但是一切都晚了。当时正在拉萨的奥地利人海因里希·哈勒记述了他所知道的马克南等人遇难的经过：

> 拉萨当局接到了美国驻印度的大使馆的呼吁，立即向藏北边境派出信史去传达为美国人放行的命令。……当他们来到唐古拉山口时，信使还没有赶到那里，驻守在那里的藏兵也就没有接到保护一批美国人的通知。这些藏兵终于经不起这支负重满载的骆驼队的引诱，朝他们开火了。美国领事与两名白俄当场毙命，第三名白俄受了轻伤，只有学生贝萨克（白智仁）安然无恙。大命不死的这两个人被带到了当地区长的面前，又受到了一顿恫吓与侮辱。这些藏兵坐地分赃，发了横财。他们得

到了照相机、望远镜等时髦物品，得意忘形如获至宝。在这两名“俘虏”被押解到下一个县的县政府时，拉萨派出的信使才迟迟赶到。县长赶忙为这两个人解绑、赔礼，肇祸的藏兵也后悔莫及了——死人已无法救活。美国领事被藏兵击毙的消息一传到拉萨，拉萨上下无不感到震惊，立即采取各种办法来弥补这一损失。他们派了一位曾在印度受过训的军医火速赶去迎接贝萨克和他那受了伤的伙伴，并带上大批的礼物。一名懂得点英语的外事官员也奔向郊区加以迎候，并且把我也带上，以便让他们在看到我这位白人的时候减消点恐惧心理。我对白智仁说不要责怪西藏地方政府，因为这里的官员也为此不幸事件深感痛心。

藏族人后来的回忆却与哈勒的描述不同，称藏兵是把他们当成了“窜来藏北骚扰的哈萨克人”。

马克南成为在西藏和平解放之前死在中国西藏的第一位和最后一位美国官员，也是死在那里的第一位中央情报局的特工。

白智仁在马克南死后每天写日志，直至 6 月 11 日抵达拉萨，住进西藏“外交局”为其准备的住处。在拉萨期间，白智仁甚至出席过几次西藏地方政府官员的会议，并在会上发表演讲，建议西藏地方当局正式向美国政府求援：

我只是想为西藏人做点儿事情。……我是为了他们的独立。我想让他们接受一个美国人，一个官方正式派

> 遣的秘密的军事顾问，我给他们提出这个建议。于是他们正式地递交文件，提出申请，要求军事援助。我必须证明他们签署这个文件的合理性。……如果你想从美国人那儿得到帮助，你必须正式提出申请，并且接受帮助。你可以秘密地申请，但是你必须提出申请，必须提交一个文件。我可以不让中国人看到这份文件，秘密地、安全地把它带出来。

在拉萨逗留了一段时间后，白智仁于8月30日到达印度新德里。后来，他详细描述了马克南被杀的经过，还写了《西藏军事状况印象》(*Impressions of Military Status of Tibet*)和《拉萨印象》(*Impressions of Lhasa*)两份报告。据白智仁称，藏军号称有10万之众，然而据他估计，不会超过2. 5万人。高级军官均出身贵族家庭，无能、缺乏训练、没有热情和经验，他们的任职不是靠着封建特权就是靠着贿赂。藏族人认识到他们目前的军官不能胜任，因而欢迎美国顾问的指导。

马克南的被误杀令西藏地方当局十分懊恼和尴尬。其时正值拉萨千方百计与美国人接洽，一再给美国政府写信而不见回音，希望派团访美而遭到拒绝，请美国人入藏援助而不得要领之际。马克南本来可以成为上帝为他们派来的意外使者。但是当这位美国外交官员不远千里来到藏北，准备在西藏地方当局的帮助下前来拉萨时，却被西藏地方当局自己的士兵在边境上糊里糊涂地打死了。关于拉萨的信使何以如此姗姗来迟，以至未能及时把迎接马克南的指示送到的原因，西藏地方当局始终未作解释。

马克南和另外两个白俄的尸体被就地掩埋。后来，西藏地方当局还派人拍摄了马克南墓地的照片，连同一封唁函一起寄交美国国务院，请其转交马克南的遗孀佩格·帕克（Pegge Parker）。噶厦政府也没有放过白智仁途经印度返回美国的机会，请白智仁带去了一封致国务卿艾奇逊的绝密信件。信中急迫地要求美国供应迫击炮、加农炮、机枪和火箭炮，并乞求艾奇逊为了西藏的福祉而将此信转交杜鲁门总统。然而，此信却如泥牛入海，杳无回音。两个月之后，中国人民解放军发起昌都战役，歼灭藏军主力。拉萨当局从此不再提起武力抵抗中国人民解放军的话，也不再要求美国的军火武器援助了。

刚刚成立的新中国政府当时就揭露了马克南的间谍身份：

> 前迪化美国领事馆副领事马克南，勾结新疆匪徒乌斯满等，企图进行反对中国人民的间谍活动被揭穿后，新疆各族各界人民对美帝国主义卑劣罪行一致表示愤慨。……学生、青年、妇女等人民团体负责人也都一致斥责美帝国主义的阴谋活动，并号召提高警惕。新疆日报为此特于一月三十一日发表社论，痛斥美帝国主义的阴谋，号召全省各族人民，团结一致严加警惕，肃清境内国民党匪帮残余、美国间谍特务和反动分子。

美国政府对于马克南－白智仁事件的处理颇值得玩味。马克南的遗孀和前妻达雷尔（Darrell）都得到了通知。马克南的死讯先是登载在 1950 年 7 月 29 日的《纽约时报》上，随后又见诸美国的其他报纸。但是，没有人提到中央情报局和马克南西藏之行的真实目的。佩格后来发现，马克南不只是一名国务院的官员，而且还曾经效忠于另外一个机构——中央情报局。1951 年 11 月，美国国务院决定为马克南被杀一事向西藏地方当局索赔 5 万美元。但是美国驻印度大使馆争辩说，这等于是向拉萨发出敌意的信号，是在西藏最需要美国帮助的时候抛弃了它，因而“在政治上是不明智的”。国务院最后放弃了这一索赔的要求。

1950 年马克南的在藏被杀，使得美国政府对于西藏噶厦这个距离遥远的神权政体有了更为真切的了解，也从一个侧面反映出美国西藏政策的两难处境。它不啻是再一次提醒华盛顿，在当时的条件下与西藏地方当局联系是多么困难，而那个封建的政教合一的拉萨政权又是多么的无能、低效。如果说美国政府是因为扶植南京政府而“丢了”中国，谁能保证同样的一幕不会在中国的西藏地方重演？

晚年的白智仁，与马克南同行进藏的美国富布赖特学者，摄于 2006 年。（罗杰提供）

在拉萨，白智仁见

到了驻藏多年，已经从“英国驻拉萨使团”负责人摇身一变成为“印度驻拉萨使团”负责人的英国人黎吉生。黎吉生毫不隐讳地承认，拉萨政权是一个早已过时的封建政权，西藏的统治者只是为数很少的一小撮旧贵族，西藏的农奴不满他们的统治。美国人与英国人一样清楚，这个政权从本质上来说，是比之南京政府更加扶不起来的。然而，由于它反对中国共产党，美国政府的决策者们便还是愿意支持它。马克南则成为美国这一对藏政策的牺牲，也成为中央情报局海外殉职雇员的第一人。

原载《中国西藏》2018 年第 1 期

第 16 章
不光彩的失败记录——美国阻挠西藏和平解放的一份未发表的声明稿

《美国外交文件》(*Foreign Relations of the United States*，缩写作 *FRUS*)是美国政府自 1861 年以来编辑出版的官方文件集，至今已经出版了 400 余卷。在 1951 年第 7(VII)卷的中国地区部分，收录了涉及西藏的如下一份文件：

> 1951 年 6 月(空白)日，西藏政府通知美国政府，西藏宣布拒绝批准此前由北平电台报道的西藏代表与共产党中国在北平签订的协议(按即《十七条协议》)。
>
> 事实表明，1950 年 10 月，共产党中国军队在未发

出警告的情况下入侵了西藏东部；……1951年4月，西藏派出代表团前往共产党中国，……5月，共产党中国宣布已经与西藏达成协议；……1951年6月，作为西藏自治国家领袖的达赖喇嘛及其政府宣布拒绝这一协议，因为该协议是在威胁之下签订的。

……1950年10月，共产党中国入侵朝鲜。共产党中国对于西藏的军事入侵和胁迫西藏与之签订协议，进一步证明了共产党中国对于其和平邻国的侵略意图。

美国政府同情西藏政府和人民的不幸处境，希望西藏向联合国提供上述事实并引起联合国的重视，并且希望联合国尽快倾听西藏的呼声。

美国政府准备支持举行西藏问题听证会，并将继续与联合国合作，抵制侵略和协助恢复世界和平。

这是一件最终没能发表的声明稿。没能发表的原因已经不用分析了——美国政府当时期盼的西藏地方当局拒绝《十七条协议》的一天，终于没有到来。但是声明稿留给世人的美国当年干涉中国内政、破坏中国和平解放西藏的这份不光彩的失败记录，仍然值得回顾。

美国历史上始终视西藏为中国的一部分。清朝末年如此，中华民国时期也是如此。为了维护其对华门户开放政策和美国自身的利益，美国还曾不止一次地反对英国分裂中国西藏的图谋。然而，随着冷战的开始和蒋介石国民党在中国大陆统治的覆灭，美国想要改变其政策了。阻挠西藏的和平解放，正是新中国建立后美国分裂西藏活动的开始。

1951 年 5 月《十七条协议》的签订，标志着西藏和平解放的初步实现。协议的签订纯属中国内政，但却是美国政府所不愿意看到的。在《十七条协议》签订之前，美国政府一再通过各种途经劝阻西藏地方当局派团前往北京与中央人民政府进行谈判，并劝诱十四世达赖喇嘛出逃国外。《十七条协议》签订之后，美国政府又力图鼓动达赖否认协议，流亡国外。这正是上述未能发表的声明稿产生的时代背景。

《十七条协议》

早在《十七条协议》签订前，美国驻印度大使馆就曾按照国务院的指示，多次写信给达赖喇嘛本人或噶厦政府官员，鼓动达赖喇嘛和西藏地方当局与中国共产党和中央人民政府对抗。

1951 年 1 月 6 日，国务卿艾奇逊致电美国驻印度大使馆，指示其派员转告西藏地方当局，美国对于西藏继续保持“自治”很感兴趣，并且对西藏要求加入联合国表示同情。艾奇逊告诉美国驻印度大使：尽管在时间上有些晚，国务院认为不能默认事态发展，尤其是考虑到联合国在朝鲜的行动，只要可能，要制止中国共产党在西藏的推进。

我們偉大的祖國

人民日報

一九五一年五月二十八日

★中央人民政府全權代表和西藏地方政府全權代表……關於和平解放西藏辦法的協議。
★關於和平解放西藏辦法的協議全文。
★社論：擁護關於和平解放西藏辦法的協議！（以上一版）
★關於和平解放西藏辦法的協議的藏文全文（二版）
★毛主席設宴慶祝和平解放西藏辦法的協議。
★在和平解放西藏辦法的協議簽字儀式上，朱德……雙方首席代表李維漢和阿沛的講話。
★關於和平解放西藏的談判經過。（以上三版）

和平解放西藏問題取得協議

中央人民政府和西藏地方政府雙方全權代表隆重舉行簽字儀式

中央人民政府和西藏地方政府關於和平解放西藏辦法的協議

社論

擁護關於和平解放西藏辦法的協議

《十七条协议》汉文版，《人民日报》，1951 年 5 月 28 日，第 1 版。

《十七条协议》藏文版，《人民日报》，1951 年 5 月 28 日，第 2 版。

但是，美国与西藏地方当局联系的渠道和方式受到种种限制。当时涉及这一系列阴谋活动的美国官方机构，主要是美国驻印度大使馆，而居间从事联系的人员，主要是与达赖喇嘛有接触的几个欧洲人，如海因利希·哈勒、乔治·帕特森（George Patterson），或者达赖喇嘛的私人代表，如夏格巴、当采活佛土登诺布等人。书信和口信几乎成为唯一的联系方式。

1951 年 3 月底，美国驻印度大使韩德森会见了奥地利人海因利希·哈勒。哈勒多年来一直住在拉萨，与达赖喇嘛关系密切，当时刚刚从亚东来到新德里。他告诉韩德森：亲政不久的十四世达赖喇嘛派代表团去北京谈判是不情愿的，他对于美国的信赖超过其他国家，希望得到美国的忠告。获此信息后，韩德森决定给已经带领部分官员到了边境亚东并组成了“亚东噶厦”的达赖喇嘛写一封信，找人捎给其本人。为了防止此信落入中共手中给美国政府造成被动，韩德森使用了从印度购买的信纸，信末不署名，只请捎信人口头告诉达赖喇嘛，此信是由美国驻印度大使馆寄发的。韩德森在给达赖喇嘛的这封信中告诉他：

> 1. 北京决定控制西藏，并且采用计谋来达到这一目的。无论达赖喇嘛对北京做出任何让步，都无法改变北京的决定。
>
> 2. 在世界形势发生变化之前，中共将难以接管西藏。达赖喇嘛不应当返回拉萨，应当逃亡他国。建议达赖喇嘛前往锡兰（今斯里兰卡），并事先获得印度提供过境方便的保证。

3. 如果在锡兰或其他国家无法落脚，可以前来美国，并向联合国呼吁，美国愿予帮助。

这封信用了6—7周才寄达亚东。5月21日，达赖喇嘛复函韩德森，告诉他自己收到了该信。此时，距离《十七条协议》的正式签字只有两天时间了。

同月，西藏“外交局”的秘书柳霞访问印度，韩德森派了使馆的一等秘书威尔金斯（Fraser Wilkins）到噶伦堡去见柳霞，表示美国对于西藏的“关心”。威尔金斯建议西藏派遣一个代表团前往成功湖（Lake Success，按即当时联合国总部所在地），在联合国大会上唤起世界对西藏的关注。5月下旬，威尔金斯又在加尔各答与夏格巴会晤。夏格巴提出了六个问题请威尔金斯回答，其主要目的是要知道，假如西藏地方当局与中央人民政府的谈判破裂，美国政府会向西藏提出哪些建议，提供哪些帮助。

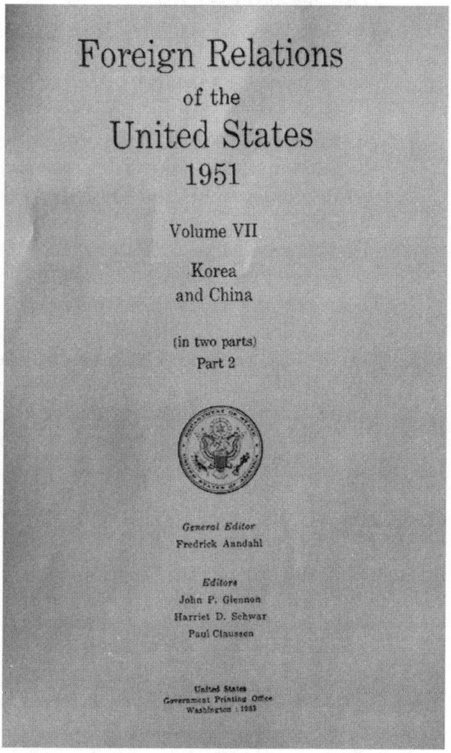
Foreign Relations
of the
United States
1951

Volume VII

Korea
and China

(in two parts)
Part 2

General Editor
Fredrick Aandahl

Editors
John P. Glennon
Harriet D. Schwar
Paul Claussen

United States
Government Printing Office
Washington : 1983

美国国务院编:《美国对外关系·1951年·朝鲜与中国》第7卷第2册扉页。

在请示国务院和等候答复期间，传出《十七条协议》已经签订的消息。在达赖喇嘛接

1710 FOREIGN RELATIONS, 1951, VOLUME VII

close relations US and its help and that Tak-Tse spoke for him.[2] Tak-Tse plans, however, proceed US in unofficial capacity. Subsequent tel follows re Tak-Tse visit.[3]

Other Tibetan officials including Llushar did not have Shakabpa's info re govt reaction Sino-Tibetan agreement and took somewhat pessimistic line re possibility opposition to it although indicating it might be necessary Dalai Lama leave Tibet.

Detailed account convs being forwarded by pouch June 14.[4]

HENDERSON

[2] The text of an English translation of the letter was transmitted to the Department in telegram 3668 from New Delhi, June 16, 1951. (793B.00/6-1651)

[3] Telegram 3616 from New Delhi, June 13, 1951, not printed, recommended that the Department approve Taktser Rimpoche's proposed visit to the United States, permit him and his servant to enter the United States with an affidavit in lieu of a passport, and, if necessary, provide financial assistance (793B.00/6-1351). Telegram 2194 to New Delhi, June 18, 1951, not printed, approved the Embassy's recommendations (739B.00/6-1351).

[4] Under cover of despatch 3030 from New Delhi, June 14, 1951, not printed.

793B.00/6-1551 : Telegram

The Chargé in India (Steere) to the Secretary of State

TOP SECRET PRIORITY NEW DELHI, June 15, 1951—4 p. m.

3643. Accord Hong Kong tel 3768 June 13[1] ChiDel may leave Hong Kong by air for Yatung via India about June 20. If Tibet finally decides disavow Sino-Tib agreement (Embtel 3576 June 11) it will undoubtedly wish publicly make known its attitude before ChiDel reaches India possibly as early as June 22. Based on convs with Shakabpa it also seems probable Tib will wish send new appeal UN.

Under these circumstances Emb believes US Govt itself might wish issue statement its views immed fol Tib statement and before dispatch new UN appeal. Such statement by US wld clearly make known US attitude toward aggression as practiced by Red Chi in Tibet and might give lead to other UN members especially GOI. If Tib Govt informed in advance, its stand might be strengthened.

Emb accordingly suggests possible US statement might be worded along fol lines:

"US Govt has been informed Govt Tib June (blank), 1951, announced refusal approve agreement which had previously been reported by Peiping Radio as having been concluded by reps Red Chi and Tib del at Peiping.

"Facts of matter appear be these: In Oct 1950 without warning, forces Red China invaded eastern Tibet; in Nov and again in Dec 1950

[1] Telegram 3768 from Hong Kong, not printed, reported that a delegation from the Central People's Government to Tibet was scheduled to arrive in Hong Kong on June 20 and to fly from there via Singapore to Calcutta (693.93B/6-1351).

美国国务院编：《美国对外关系·1951 年·朝鲜与中国》第 7 卷第 2 册第 1710 页。

Tib appealed UN; in April 1951 Tib sent del Red China in endeavor reach peaceful solution and effect withdrawal Red Chi forces from Tib; in May '51 Red Chi announced agreement had been reached between Red China and Tibet; this agreement emasculates Tibetan autonomy by providing for milit occupation all Tibet and for polit domination by Red China; in June '51 Dalai Lama of Tib, who is head autonomous state Tib, and his govt announced they refused because it had been obtained under duress.

"It is recalled Nor Kor commenced hostilities Korea June '50 and Red Chi invaded Korea Oct '50. Red Chi milit invasion Tib and conclusion agreement under duress are further evidence aggressive intentions Red Chi toward its peaceful neighbors.

"US Govt is sympathetic plight govt and people Tib. It hopes Tib will bring all facts attention UN and UN will give early hearing Tib's case.

"US Govt prepared support hearing Tib case and will continue cooperate with UN in resisting aggression and in assisting in restoration peace throughout world."

Pls inform urgently.[2]

Sent Dept 3643, repeated info Calcutta 261.

STEERE

[2] The Department replied in telegram 2183 to New Delhi, June 16, 1951, not printed: "You may inform Tibetans, if and when you consider desirable, that upon disavowal Sino-Tibetan agreement, US official reference to this action, indicating sympathy for Tibetan position, cld be expected. Tenor and timing of any comment wld depend on character Tibetan announcement. It is considered undesirable that US Govt publicly introduce UN question in advance Tibetans' own action this regard" (793B.00/6-1551).

S/P Files: Lot 64 D 563

Draft Telegram, Drafted by Charles Burton Marshall of the Policy Planning Staff[1]

TOP SECRET [WASHINGTON,] June 19, 1951.

Instructions requested in your message[2] are as follows: First, it should be disclosed to [name deleted] that Washington has been consulted by cable, and an answer has been received which makes it clear that idea of establishing an authentic yet informal liaison for

[1] The source text was not signed or initialed, but Marshall's name appears as the drafter. In the interview cited in footnote 1, p. 1652, Mr. Marshall stated that he had no recollection of the telegram or of the message to which it was intended to reply (611.93/1-651). According to notations on the source text, there were five copies of the draft: the source text, filed in the C. B. Marshall file in S/P Files: Lot 64 D 563, one copy sent to the CIA, one copy given to Krentz, and two copies destroyed.

[2] An undated message from Hong Kong attached to the source text stated that the person to whom Marshall had spoken on May 17 (see the memorandum of conversation, p. 1667) had received a letter dated June 3 from Peking, acknowledging his letter occasioned by Marshall's and Chase's visit to Hong Kong and expressing guarded interest in further discussion of the possible establishment of a channel of communication.

美国国务院编：《美国对外关系 · 1951 年 · 朝鲜与中国》第 7 卷第 2 册第 1711 页。

受了《十七条协议》，准备动身从亚东返回拉萨之际，美国政府更为急迫地劝说他推翻协议。6 月 2 日，国务卿艾奇逊指示韩德森："西藏不应当被迫接受对其自治地位的损害，西藏人民应当享有与其自中国（辛亥）革命以来一直保持的自治相符的某种自决权。"对于夏格巴的六个问题，艾奇逊逐一做了如下答复：

1. 西藏如果决定向联合国呼吁，美国将给予支持，并为打算前往联合国的西藏代表发放签证；

2. 美国愿意就达赖喇嘛前往锡兰避难的问题同锡兰政府交涉；

3. 如果达赖喇嘛带领他的 100 名随行人员前来美国避难，他应该用自己的钱；

4. 美国的军事和财政援助，要以西藏内部的政治和军事力量愿意并且能够进行反抗，印度的态度使得美国有可能提供援助，而外部世界的政治运动毫无结果为前提；

5. ……

6. ……

最后，艾奇逊表示，美国同情西藏的处境，愿意在可行的范围内给予援助。但是援助要以西藏人自己作出真正的努力、采取坚定的立场为前提。换言之，达赖喇嘛不仅要首先拒绝承认刚刚签订的《十七条协议》，而且要采取实际的军事行动与中央政府对抗。

6 月 11 日，威尔金斯与夏格巴讨论了艾奇逊的答复，并问及北京公布的《十七条协议》。夏格巴坚持说西藏并未承认该协议。次日，夏格巴又说他收到了达赖喇嘛的急电，声称达赖喇嘛不准备接受《十七条协议》，而且愿意离开西藏。但是在肯定地得知美国将会援助西藏之前，藏族人无法成功地抗击共产党。夏格巴还说，在达赖喇嘛离开西藏之前，西藏不会公开反对《十七条协议》。但是他被告知，要想得到美国的进一步帮助，达赖喇嘛必须在中央人民政府驻藏代表抵达加尔各答之前，公开拒绝《十七条协议》。

对于达赖喇嘛来说，何去何从，他和亚东噶厦面临着越来越大和已经迫在眉睫的压力，必须作出决定。中央人民政府代表张经武很快将取道印度抵达亚东，准备同由京返藏的西藏谈判代表团一同返回拉萨。一方面，《十七条协议》签订的消息已经通过中国新华社向全世界广播，达赖喇嘛如果否认协议，后果将十分严重。另一方面，达赖喇嘛又受到美方提供种种援助的引诱，面临要求他否认这一协议的巨大压力，不否认协议，美国允诺的援助和支持就会泡汤。亚东噶厦在等待其谈判代表团返回之后作出报告。而美国则迫切地希望达赖喇嘛尽快宣布否认协议并离开西藏。由于得到情报称张经武将于 6 月 22 日抵达印度，美国政府断定，假如在此之前不能说服达赖喇嘛发表否认《十七条协议》的声明，鼓动达赖出逃一事也就没戏了，而西藏的“自治”也将寿终正寝。换言之，这就等于达赖喇嘛自己承认了北京的主权，外人还能再说什么呢？然而，美国驻印度大使馆仍然认为他们有希望鼓动达赖喇嘛推翻《十七条协议》，于是才准备了前述那份随时可以发表的声明稿。

就在中央代表张经武即将抵达西藏亚东之际，美方决定以高度机密的方式再次向达赖喇嘛发出呼吁。像以前的信件一样，这封信是写在白纸上的，既未写上收信人达赖喇嘛的名字，也未在落款处署名，只是要捎信人以口头方式告诉达赖喇嘛，这封信是美国政府写的。给达赖喇嘛的这封信再一次敦促他公开反对《十七条协议》，并在印度寻求避难。“如果你不发表这样的一份声明，我们认为西藏的自治就将一去不复返了。”

在亚东，噶厦内部进行着激烈的斗争。一部分人主张拒绝《十七条协议》，达赖喇嘛流亡印度。但是更多的人，特别是拉萨三大寺的上层僧人赞成承认《十七条协议》，要求达赖喇嘛返回拉萨。他们表示，西藏谈判代表团与中央政府签订的协议是可以接受的。更何况，协议中的一个秘密附件还规定：“……中央人民政府允许达赖喇嘛在西藏地方政府执行……协议的第一年内，如因某种需要，得自行选择住地。在此期间内返职时，其地位和职权不予变更。”因而爱国的僧俗上层认为，“达赖喇嘛返回拉萨是上策”。

由于中共中央、毛泽东主席制订了和平解放西藏的方针和一系列正确的政策，加之入藏的人民解放军遵守纪律、执行政策的模范行动，西藏僧俗上层中有相当多的官员希望和要求达赖喇嘛承认西藏是中国领土的一部分，接受《十七条协议》。7 月 21 日，达赖喇嘛从亚东动身，8 月 18 日返抵拉萨。美国在西藏和平解放前后分裂西藏的阴谋活动，以失败而告终。这份声明稿，便再也无法公开发表了。

美国政府部门负责编辑出版官方档案的机构把这样一份声明稿保留在《美国外交文件》中，还是值得点赞的。针对中国西藏的阴谋活动，想必花了美国纳税人不少的钱。或许不留下些记载，日后也不好交代。然而这样一份文件，如今却成了美国当年干涉中国内政的不光彩的失败记录。殷鉴不远，数十年之后，曾经在涉藏问题上站在历史错误一边的美国政府，不妨从中吸取教训。今天，中美关系已经成为当今世界最重要的双边关系之一，其全球性影响早已超越了双边关系范畴。但愿美国政府中的某些势力早日摒弃冷战思维，停止借涉藏问题生事，庶几中美关系在21世纪能够沿着构建新型大国关系的正确轨道向前发展。

原载《中国西藏》2016年第5期

主要参考资料

中文学术著作

1. 拉巴平措、陈庆英主编：《西藏通史》，中国藏学出版社 2016 年版。
2. 罗伯特·达莱克著，陈启迪等译：《罗斯福与美国对外政策（1932—1945）》，商务印书馆 1984 年版。
3. [澳大利亚]骆惠敏编，刘桂梁等译，严四光等校：《清末民初政情内幕——〈泰晤士报〉驻北京记者、袁世凯政治顾问乔·厄·莫理循书信集》，上册，知识出版社 1986 年版。
4. 王云峰：《活佛的世界》，民族出版社 1997 年版。
5. 张功臣：《外国记者与近代中国（1840—1949）》，新华出版社 1999 年版。
6. 邢肃芝（洛桑珍珠）口授，张健飞、杨念群笔述：《雪域求法记》，生活·读书·新知三联书店 2003 年版。
7. 陈谦平：《抗战前后之中英西藏交涉（1935—1947）》，生活·读书·新知三联书店 2003 年版。
8. 齐小新：《口述历史分析——中国近代史上的美国传教士》，北京大学出版社 2003 年版。

9. 骆威：《世界屋脊上的秘密战争》，中国藏学出版社 2004 年版。
10. 王立：《1973—2005 美国驻华大使传奇》，世界知识出版社 2005 年版。
11. 柳陞祺：《柳陞祺藏学文集（汉文卷）》，中国藏学出版社 2008 年版。
12. 宗喀·漾正冈布等著：《西方旅行者眼中的拉卜楞》，甘肃民族出版社 2010 年版。
13. 李烨：《美国在中国西藏的"游戏"——20 世纪美国对中国西藏政策研究》，东北师范大学出版社 2010 年版。
14. 程早霞：《雪域谍云——美国的西藏政策及其秘密行动》，哈尔滨工业大学出版社 2016 年版。
15. 程龙编著：《晚清美国驻华公使柔克义涉藏档案选编》，五洲传播出版社 2017 年版。

英文学术著作

1. Rockhill, Woodville William, *The Land of Lamas, Notes of A Journey through China, Mongolia and Tibet, with Maps and Illustrations*, Longmans, Green, and Co., London, 1891.
2. Rockhill, William Woodville, *Diary of a journey through Mongolia and Tibet in 1891 and 1892*, Smithsonian Institution,1894.
3. Rockhill, Woodville William, *Notes on the Ethnology of Tibet, Based on Collections in the U.S. National Museum, Smithsonian Institute Report*, II, 1893.
4. Wimmel, Kenneth, *William Woodville Rockhill, Scholar-Diplomat of the Tibetan Highlands*, Orchid Press, Bangkok, 2003.
5. Li Tieh-tseng, *Tibet, Today and Yesterday, revised edition of The Historical Status of Tibet*, Bookman Associates, New York, 1960.
6. Grunfeld, A.Tom, *The Making of Modern Tibet*, Revised Edition, M. E. Sharpe, New York & London, 1996.
7. Karl E. Meyer & Shareen Blair Brysac, *Tournament of Shadows, the Great Game and the Race for Empire in Central Asia*, Little, Brown and Company, London, 2001.
8. French, Patrick, *Younghusband, the Last Great Imperial Adventurer*,

Flamingo, London, 1995.

9. Shelton, Albert L., *Pioneering in Tibet—A Personal Record of Life and Experience in Mission Fields*, Fleming H. Revell Company, 1921.
10. Williams, Edward Thomas, *China, Yesterday and Today*, George G. Harrap & Co. Ltd., London, 1923.
11. McGovern, Wm Montgomery, *To Lhasa in Disguise*, Thornton Butterworth Ltd., London, 1924.
12. Griswold, A. Whitney, *the Far Eastern Policy of the United States*, Harcourt Brace and Company, New York, 1938.
13. Cutting, Suydam, *The Fire Ox and Other Years*, Collins, London, 1947.
14. Thomas, Lowell. Jr., *Out of This World: Across the Himalayas to Tibet*, the Greystone Press, New York, 1950.
15. Smith, Harris, *OSS, The Secret History of America's First Central Intelligence Agency*, Berkeley, University of California Press, 1972.
16. Lamb, Alastair, *Tibet, China & India 1914-1950, A History of Imperial Diplomacy*, Hertford, Roxford, 1989.
17. Still, Dorris Shelton, *Beyond the Devils in the Wind*, Synergy Books, 1989.
18. Tung, Rosemary Jones, *A Portrait of Lost Tibet*, California University Press, Berkeley, Los Angeles, London, 1990.
19. Steele, Archibald T., *In the Kingdom of the Dalai Lama*, In Print Publishing, 1993.
20. McKay, Alex, *Tibet and the British Raj: The Frontier Cadre 1904-1947*, Curzon Press, Richmond, 1997.
21. Knaus, John Kenneth, *Orphans of the Cold War: American and the Tibetan Struggle for Survival*, PublicAffairs, New York, 1999.
22. Gup, Ted, *The Book of Honor, The Secret Lives and Deaths of CIA Operatives*, Anchor, 2001.
23. Wissing, A. Douglas, *Pioneer in Tibet—the Life and Perils of Dr. Albert Shelton*, Palgrave McMillan, 2004.
24. Bernard, Theos, *Penthouse of the Gods; A Pilgrimage into the Heart of Tibet and the Sacred City of Lhasa*, Charles Scribner's Sons, New York, Charles Scribner's Sons, LTD, London, 1939.

25. Harrer, Heinrich, *Seven Years in Tibet*, Rupert Han-Davis, London, 1953.
26. Sinclair, William Boyd & Crozier, Robert, *Jump to the Land of God: the Adventures of A US Air Force Crew in Tibet*, Caldwell, Ohio; the Caxton Printers, Inc., 1965.
27. Murcutt, Starks & Mirriam, *Lost in Tibet, the Untold Story of Five American Airmen, A Doomed Plane and the Will to Survive*, the Lyons Press, Guilford, Connecticut, 2004.
28. Goldstein, Melvyn C., *A History of Modern Tibet 1913-1951, The Demise of the Lamaist State*. University of California Press, Berkeley and Los Angeles, California, Ltd. London, 1989 .
29. Shakya, Tsering, *The Dragon in the Land of Snows——A History of Modern Tibet Since 1947*， Pimlico, London, 1999 .
30. Laird, Thomas. *Into Tibet, the CIA's First Atomic Spy and His Secret Expedition to Lhasa*, Grove Press, New York, 2002.
31. Zhao, Aidong / Zhu, Xiaoling（赵艾东，朱晓陵）, *Far, Far Away in Remote Eastern Tibet: The Story of the American Doctor Albert Shelton and His Colleagues from the Disciples of Christ 1903-1950*, San. Louis, USA: Lucas Park Books, 2014.

中文报刊论文

1. 陈锡章：《西藏从政记》，中国人民政治协商会议全国委员会文史资料研究委员会编：《文史资料选辑》第 79 缉，文史资料出版社 1982 年版。
2. 通嘎：《中美联合勘察二战期间“驼峰”航线坠毁美机残骸纪事》，《中国西藏》2003 年第 1 期。
3. 江白：《几名外国人来到那仓地区时的情况简述》，西藏自治区政协文史资料编辑部编：《西藏文史资料选辑》III，民族出版社 2007 年版。
4. 苏发祥：《埃克瓦尔与美国早期的藏学研究》，《西藏民族学院学报》2008 年第 4 期。
5. 程早霞、李晔：《一九四九年前后美国中情局谍员秘密入藏探析》，《历史研究》2009 年第 5 期。
6. 侯坤：《猎杀大熊猫的罗斯福儿子》，《羊城晚报》2013 年 12 月 25 日。

英文报刊论文

1. Rockhill, William Woodville, "The Dalai Lamas of Lhasa and Their Relations with The Manchu Emperors of China 1644-1908," *T'oung Pao*, Vol. XI, 1910.
2. Bernard, Theos, "Secret Rites I Saw in Darkest Tibet, I Was A Lama," *The Daily Mail*, Friday, November 12, 1937.
3. Bernard, Theos, "The Peril of Tibet," *The Asia*, September, 1939.
4. Tolstoy, Ilia, "Across Tibet from India to China," *The National Geographical Magazine*, vol. XC-2, Aug 1946.
5. "Pictorials, the PLA Liberates Changtu," *People's China,* Vol.3, No. 1, January 1, 1951, Published by the Foreign Language Press, China.
6. Varg, Paul A., "Open Door Diplomat, the Life of W.W. Rockhill," *Illinois Studies in the Social Science*, Volume XXXIII, No. 4, the University of Illinois Press, Urbana, 1952.
7. Norwick, Braham, "A Report on William Woodville Rockhill, 1854-1914," see: Blezer, Henk. "Tibet, Past and Present," *Tibetan Studies*, I, Brill, Leiden, Boston, London, 2002.
8. Cooper, James, "Western and Japanese Visitors to Lhasa: 1900-1950," *Tibet Journal*, Vol. XXVIII No. 4, Winter, 2003.
9. Susan, Meinheit, "Gifts at Wutai Shan: Rockhill and the Thirteenth Dalai Lama," *Journal of the International Association of Tibetan Studies*, JIATS, No. 6, December, 2011.
10. McKay, Alex, "A Forgotten American : Francis Nichols' Quest for Lhasa, 1903-04," *Asian Affairs*, 2015, Vol. XLVI, No. II.
11. "Lowell Thomas Jr.," *The Times*, January 3, 2017.

中文档案资料

1. 联合报丛书 :《一九四三年中美外交关系文件》, 联合报社印行, 台湾, 1962 年版。
2. 北京大学历史系等编 :《西藏地方历史资料选辑》, 生活 · 读书 · 新知三联书店1963年。
3. 吴丰培主编，中央民族学院图书馆编：《联豫驻藏奏稿》，西藏人民出版社1979年版。
4. 《西藏研究》编辑部编辑：《清实录藏族史料》第九集，西藏人民出版社1982年版。
5. 顾维钧著，中国社会科学院近代史研究所译：《顾维钧回忆录》，中华书局1988年版。
6. 程道德等编：《中华民国外交史资料选编（一）（1911—1919）》，北京大学出版社1988年。
7. 罗家伦先生文存编辑委员会：《罗家伦先生文存》第八册，台北国史馆、中国国民党中央委员会党史委员会1989年版。
8. 中国藏学研究中心、中国第二历史档案馆合编：《黄慕松　吴忠信　赵守钰　戴传贤奉使办理藏事报告书》，中国藏学出版社1993年版。
9. 中国藏学研究中心等合编：《元以来西藏地方与中央政府关系档案史料汇编》，中国藏学出版社1994年版。
10. 中国第一历史档案馆、中国藏学研究中心合编：《清末十三世达赖喇嘛档案史料选编》，中国藏学出版社2002年版。
11. 中共中央文献研究室编：《邓小平年谱（1975—1997）》，中央文献出版社2004年版。
12. 周伟洲主编：《英国印度事务部档案馆有关西藏档案题解及选译》，（《西藏通史》资料丛刊23）中国藏学研究中心历史所2005年。
13. 吴景平、郭岱君主编：《宋子文驻美时期电报选》，复旦大学出版社2008年版。
14. 中共中央文献研究室、中共新疆维吾尔自治区委员会编：《新疆工作文献选编（1949—2010年）》，中央文献出版社2010年版。
15. 中共中央文献研究室等编：《毛泽东西藏工作文选》，中国藏学出版社、中央文献出版社2017年版。
16. 美国斯坦福大学胡佛档案馆：蒋介石日记，宋子文档案，古德费洛（Goodfellow）文件。
17. 西藏自治区政协文史资料研究委员会编：《西藏文史资料选辑》相关文章。
18. 中国第二历史档案馆涉藏档案。

19. 中国社会科学院近代史研究所中国近代史档案馆“顾维钧档案数据库”，涉藏档案。

英文档案资料

1. 英国国家档案馆外交部档案，the National Archives. FO535，FO371，涉藏档案。
2. 英国国家图书馆东方和印度事务部档案资料，Political and Secret Department，(L/P&S/) Oriental and India Office Collections, the British Library. 涉藏档案。
3. United States, Government Printing Office, *Foreign Relations of the United States (FRUS)*. 涉藏档案。
4. Miliband, David, (Foreign Secretary) Written Ministerial Statements on 29 Oct 2008, Foreign and Commonwealth Affairs. http://www.theyworkforyou.com/wms/?id=2008-10-29a.30WS.1
   英国外交和联邦事务部发表的年度人权报告，2000 年。
5. *Diplomatic Instructions DS 1801-1906, Great Britain*, Volume 34, September 2, 1901-August 25, 1904, File Microcopies of Records in the National Archives: No. 77, Roll 93, the National Archives Washington: 1946.

后　记

呈现在读者面前的，是一本历史书。中国古人为史，大体有编年、纪传和纪事本末诸体。本书目录所反映的全书编排，大体是仿照编年体，一依时间先后排序；一个个进藏美国人的故事，或可视为类纪传体，而其中穿插的对于美国政府与西藏问题的叙述，似与书名《美国人眼中的旧西藏》离题稍远，然亦不妨当作美国官员/政府对于西藏认识形成与变迁的纪事本末体重现。

这是一本中文书。主要读者当然是能够使用国家通用语言文字的中国人，尤其是对于涉藏问题感兴趣的青年人。写作此书，是我的一次尝试。“文革”开始时我是四年级的小学生，后来成了1978级的大学生，是所谓被“文革”耽误的一代，再度走出校园时已不年轻。虽经日后努力，读硕读博，但是学力学养方面的基础，所欠缺者实非一星半点。加之二三十年来又写惯了堪称枯燥乏味的学术文章，文风已经大体定型。把昔日的文字成果加以修改，配以图片，呈献给更多的读者，虽然存此私愿已历有年所，但是这一尝试是否有益，能得何许效果，则只有惴惴乎等待读者诸君和藏族史研究同行专家的评判了。

这本书的主要基础，是我于 2004 年完成的博士论文《中美关系中的“西藏问题”》。细心的读者可以发现，文中所引资料，包含有若干国外的档案文件。这是我二十余年来多次到英美两国查阅搜集的资料。1995 年、2003 年和 2007 年，我曾三赴英伦，作为英国伦敦大学亚非学院的访问学者，在英国国家图书馆和英国国家档案馆进行研究工作。2012 年，又作为美国斯坦福大学胡佛研究所的访问学者，查阅搜集胡佛档案馆、图书馆的涉藏档案资料。上述几次出国访问学习，分别得到了英国文化委员会（the British Council）、中国国家留学基金委员会和英国学术院（the British Academy）的奖学金资助。访学期间，还陆续结识了 Alex Mckay 博士、Alastair Lamb 教授、Roger Croston 先生、Tom Grunfeld 教授等英美同行。二十余年的西藏近现代史研究，得益于上述机构的资助和国外同仁的帮助，借此机会谨致谢忱。

多年在中央民族大学执教的王辅仁教授，是 1982—1985 年指导我攻读藏族史硕士学位的导师，也是我开始藏学研究学术生涯的引路人。中国社会科学院民族学与人类学研究所的伍昆明研究员，是我 2001—2004 年在中国社会科学院研究生院攻读藏族近现代史博士学位的导师。两位先生均已先后辞世，但是他们当年传道授业解惑时的音容笑貌，却时常在我心中浮现。作为学生，很是感念两位导师的教诲。

后记

本书的主要章节，是2014—2018年刊载在《中国西藏》各期上的文章。由于各篇陆续刊发，其间难免或有欠缺与重复。此次缀篇成文，做了一些补充删改，并增加了几章文字。《中国西藏》的易文雯女士是已刊各篇的责任编辑，为它们在杂志上的刊出付出了辛勤的劳动。中国藏学出版社社长洪涛先生、责任编辑永红女士为此书的出版不辞辛劳，多方策划，悉心编辑；编辑徐华兰女士也参加了部分前期的文字工作。《中国西藏》的周爱明女士、中共中央统战部的张诗高先生，也为此书的出版给予了多方面的鼓励和帮助。对于他们，在本书付梓之际表示由衷的感谢。

书中表述不当或舛误疏漏之处，由本人负责。敬请各位读者不吝批评指正。

胡岩，于北京海淀大有北里寓所

2019年1月18日

图书在版编目(CIP)数据

美国人眼中的旧西藏 / 胡岩，周新著 . —北京：中国藏学出版社，2020.1
ISBN 978-7-5211-0212-3

Ⅰ . ①美… Ⅱ . ①胡… ②周… Ⅲ . ①中美关系－西藏问题－国际关系史－史料－近现代 Ⅳ . ① D829.712

中国版本图书馆 CIP 数据核字（2020）第 018478 号

美国人眼中的旧西藏 胡岩 周新 著

责任编辑 永 红
封面设计 翟跃飞
出版发行 中国藏学出版社
印　　刷 中国电影出版社印刷厂
版　　次 2020 年 4 月第 1 版第 1 次印刷
开　　本 787 毫米 ×1092 毫米 1/16
字　　数 150 千字
印　　张 14
印　　数 2000 册
定　　价 58.00 元
书　　号 ISBN 978-7-5211-0212-3 / D · 84

图书如有印装质量问题 请与本社发行部联系
E-mail: dfhw64892902@126.com 电话: 010-64892902